AF357680

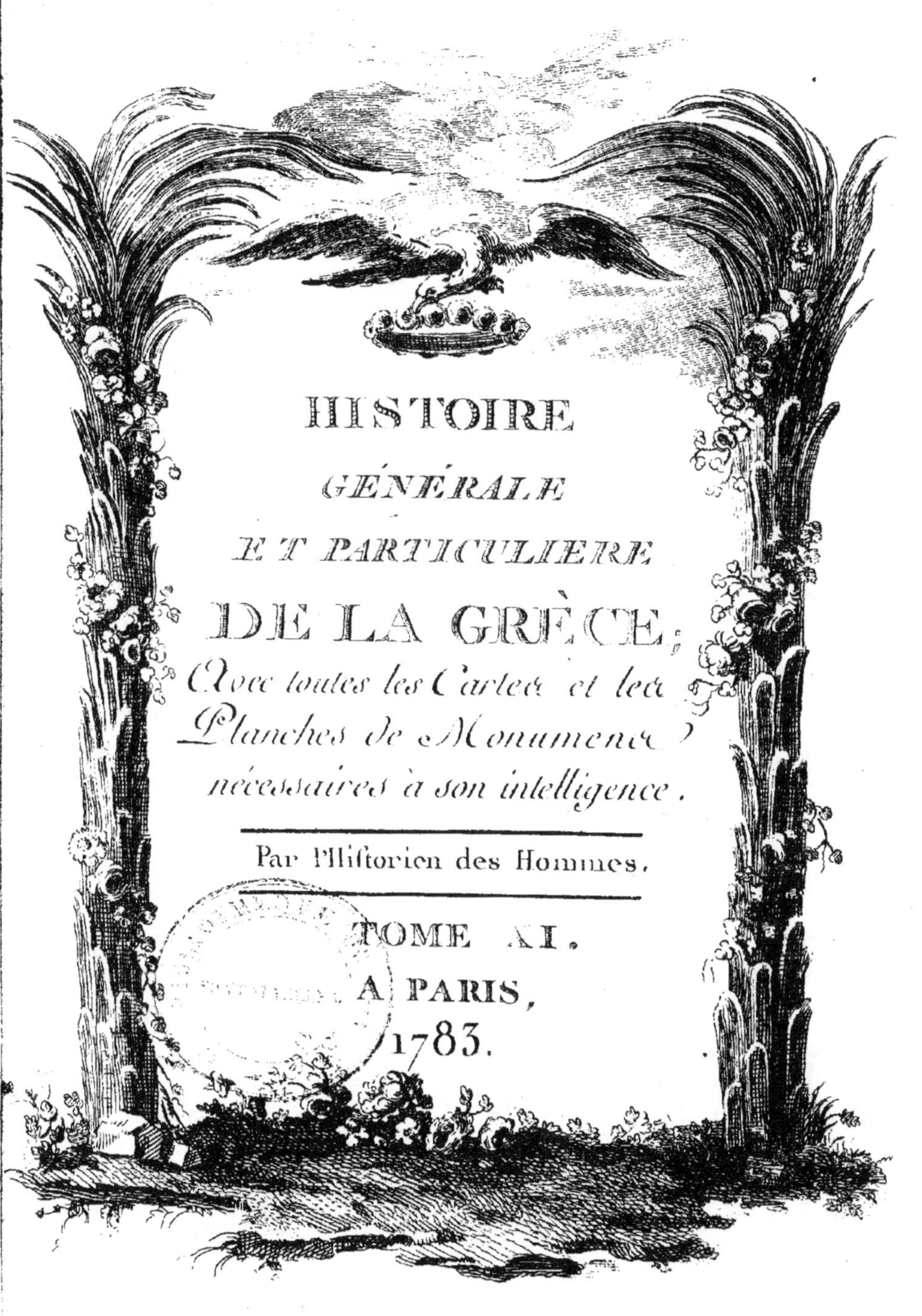

HISTOIRE

GÉNÉRALE

ET PARTICULIERE

DE LA GRÈCE;

Avec toutes les Cartes et les Planches de Monumens nécessaires à son intelligence.

Par l'Historien des Hommes.

TOME XI.

A PARIS,
1783.

HISTOIRE

DE

LA GRECE.

VIE D'ALEXANDRE,

DEPUIS SON RETOUR DE L'INDE

JUSQU'A SON ENTRÉE DANS BABYLONE.

PENDANT que Néarque, à la tête de
la flotte Macédonienne, rentrait par le
golfe de Perse dans l'ancienne Monarchie de Darius, Alexandre s'y rendait
par terre avec l'élite de ses troupes &
sa phalange ; comme il n'avait point de
Géographes dans son armée, il eut l'im-

prudence de s'engager dans de vaſtes déſerts , dont quelques hordes de Sauvages appellés les Crites , habitaient les extrémités ; il s'y vit en butte à toutes les intempéries d'une ſaiſon orageuſe , à la famine , à la peſte & à tous les déſaſtres qui accompagnent les conquêtes , & qui devraient en être la punition. Arrien dit qu'après une marche pénible de ſoixante jours , quand le Héros arriva ſur les frontières de la Gedroſie , il lui reſtait à peine le quart de ſon armée , qui , au tems de ſes triomphes dans l'Inde, montait à cent vingt mille hommes de pied & à quinze mille chevaux.

La vanité oublie bientôt le mal qu'elle ſe fait à elle-même : quand Alexandre , remis de toutes ſes fatigues, ſe revit dans la Perſe , le théâtre de ſa gloire primitive , il voulut jouir en enfant de cette renommée guerriere , dont il n'avoit dû l'idée qu'à l'enfance de ſa raiſon. Il traverſa toute la Caramanie dans l'équipage où les Poëtes repréſentent Bacchus.

Il était traîné fur un char fuperbe, fculpté en forme de théâtre, où mollement couché avec fes Favoris, il fe livrait à tous les excès de l'yvreffe & du libertinage : ce char de triomphe était entouré d'une foule d'autres du fecond rang, dont les uns repréfentaient des tentes meublées avec tout le luxe oriental, & les autres foutenaient des guirlandes de fleurs entrelaffées parmi des branches de bois odoriférant, qui fe courbaient en berceaux. Le cortege était fermé par des Bacchantes à demi nues & échevelées, qui faifaient retentir l'air de leurs hurlemens religieux. Cette marche théâtrale dura fept jours, pendant lefquels l'armée, dit-on, ne défennyvra pas ; heureufe fans doute de traverfer en cet état des régions amies, car les trois cent Spartiates des Thermopyles auraient fuffi alors pour paffer au fil de l'épée tous ces vainqueurs du monde.

Alexandre, dans les intervalles où fa

tête se trouvait moins obsédée par les fumées du vin, formait les plus vastes projets ; il voulait, en partant du golfe de Perse, faire le tour de l'Afrique, & rentrer dans la Méditerranée par le Détroit de Gibraltar, qu'on ne connaissait encore que sous le nom des Colonnes d'Hercule : de-là il se proposait d'enlever à Carthage ses conquêtes, de franchir l'épée à la main les Pyrénées & les Alpes, d'humilier l'orgueil de Rome, République, & de rentrer par l'Epire dans la Macédoine ; toutes ces folies héroïques devaient être terminées par le monument le plus Colossal que jamais les Arts eussent érigé à la gloire des Conquérans, par les travaux sur le mont Athos, qu'on devait tailler en statue d'Alexandre.

A cette époque, le Héros partageait sa faveur entre l'Eunuque Bagoas & Ephestion. Le premier comme plus vendu à tous les caprices de son Maître, avait même un crédit plus étendu ; il donnait son ame vile & cruelle à tout ce qui l'entourait, & on pouvait dire qu'Alexandre n'avait conquis le monde que pour le mettre aux pieds de Bagoas.

Il en coûta cher au Satrape Orsine, pour avoir humilié la fierté de cet Eunuque ; ce Perse, issu du sang de Cyrus, & le particulier le plus opulent de l'Asie, avait rendu les plus grands services à Alexandre, dans le gouvernement de Pasagarde ; tout récemment encore, lorsque le Conquérant était entré dans la ville où il commandait, il avait été au-devant de lui avec des présens, dont Crésus lui-même se serait honoré. C'étaient des vases d'or d'un poids énorme, des robes de pourpre, des pierreries, & quatre mille talens (près de vingt-deux millions) en argent monnoyé ; le Satrape, dont l'ame était encore plus haute que la fortune, oublia exprès, dans ses largesses, Bagoas ; alors celui-ci l'accusa d'avoir pillé le tombeau de Cyrus, & quelqu'absurde que fût la calomnie , Alexandre qui mettait bien moins de prix à la haine de l'Afie qu'à la bouderie paffagère d'un Eunuque , fans entendre Orfine , fans le confronter avec fes accufateurs , l'envoya au fupplice.

Au fpectacle d'un Prince du fang de Cyrus perdant fans raifon fa vie fur un échafaut , fuccéda celui de la mort volontaire de Calanus. Ce Gymnofophifte ou *Philofophe tout nud* , car telle eft l'étymologie grecque (quoiqu'il n'y ait pas beaucoup de philofophie à adopter la nudité abfolue des Sauvages) ce Gymnofophifte , dis-je , s'était attaché dans l'Inde à la fortune d'Alexandre. Il avait alors quatre-vingt-trois ans , & grace à la beauté du climat qu'il habitait , à fa frugalité , & fur-tout à l'abfence des paffions , il était parvenu à ce période de la vieilleffe , fans avoir jamais fubi la plus légère incommodité. Le foleil de la Perfe fit fermenter fon fang , & étant arrivé malade à Pafagarde , pour ne point lutter trop long-tems contre les approches de la mort, il fit les apprêts de son suicide. On dreffa, suivant ses vues, un énorme bucher dans une Place publique, & quand Alexandre avec sa Cour & les principaux citoyens de Pafagarde, invités comme à une repréfentation théâtrale, eurent pris place, l'Indien parut à cheval au milieu de l'affemblée, fit quelques cérémonies religieufes, embraffa tendrement fes amis & les affura qu'il reverrait bientôt Alexandre dans Babylone : enfuite il monta gaiement fur le bucher, & s'y étendit en voilant fon vifage. La flamme vint bientôt le faifir, mais la douleur ne lui fit pas faire le plus léger mouvement ; il demeura dans l'attitude qu'il avait choifie, jufqu'à ce qu'il eût confommé fon facrifice.

Ce fpectacle ainfi que celui du fupplice d'Orfine attrifta l'ame du Conquérant, & pour fe diftraire il fe livra à tous les excès de la débauche la plus

effrénée ; dans une de ſes orgies licen-
tieuſes, il propoſa une couronne d'or à
celui qui ſerait vainqueur dans les combats d'yvreſſe. Promachus but, dit-on,
quatre meſures de vin, qui répondent à
environ vingt de nos bouteilles, remporta le prix, & ne ſurvécut que de
trois jours à ſon triomphe. Trente-cinq
de ſes rivaux étaient morts dans la ſalle
même du feſtin, & ſix autres expirèrent
quand on les tranſporta dans leur tente ;
pour le demi-Dieu, il eſt probable qu'il
ſe contenta d'être Juge ; il n'oſa pas,
dans un combat auſſi inégal, expoſer
ſon immortalité.

Alexandre ſe rendit de Paſagarde aux
ruines de Perſepolis, & de-là à Suze.
C'eſt dans cette dernière ville qu'on lui
amena les trente mille Epigones : on
donnait ce nom à des cohortes brillantes
de Perſes, tous robuſtes, bien faits, &
dans la force de l'âge, qui venaient
remplacer les vieilles bandes hors de
ſervice. Les Conquérants de l'Inde à

leur vue se soulevèrent , & persuadés
que leur Prince allait établir le siege de
son Empire en Asie , ils demandèrent
avec des cris de fureur leur congé : la
licence de la sédition alla au point, qu'on
disait publiquement & autour de la tente
royale, que puisqu'Alexandre dédaignait
ainsi les vieux guerriers auxquels il devait ses victoires , il pouvait disposer
avec Jupiter son père , le plan de ses
campagnes , & qu'il n'avait plus aucun
service à attendre des soldats de Macédoine.

Alexandre sentit à l'instant tout le
danger de cette émeute , mais son génie
sçut l'en tirer : il commença par en impo-
ser à la multitude par un coup d'autorité ; il se montre tout-à-coup aux rebelles ,
dans cette attitude fière qui annonce la
supériorité , désigne lui-même à ses
gardes treize des soldats qu'il voyait le
plus animés , & les envoye au supplice ,
ensuite il monte sur son Tribunal : *In-*
grats , leur dit-il , *vous me demandez votre*

*congé, je vous le donne : allez , publiez en
Asie & en Europe que vous avez abandonné
votre Roi à la merci des Peuples qu'il a
vaincus, & qui plus généreux que vous lui
sont restés fidèles.*

A l'instant, sans attendre la réponse de
ses soldats, il rentre dans sa tente, casse
son ancienne garde, lui en substitue une
autre tirée du corps des Epigones , &
se tient renfermé plusieurs jours sans
voir personne.

Ce trait de génie fit son effet : les
Macédoniens consternés, comme si on
avait prononcé à chacun d'eux son arrêt
de mort, se rendent dans l'abattement
de la douleur auprès de la tente royale ,
y déposent leurs armes, se reconnaissent
coupables,& déclarent que plus sensibles
à la perte de l'honneur qu'à celle de la
vie , ils mourront de leurs remords, si
leur crime n'est pas pardonné. La politique adroite d'Alexandre attendait les
Macédoniens à cette épreuve : dès qu'il
les vit dignes de lui, il se montra digne

d'eux ; il fortit de fa tente avec un vifage ferein , releva quelques foldats qui embraffaient fes genoux , verfa quelques larmes de tendreffe & leur rendit à tous fon amitié.

Cependant comme parmi les vétérans qui avaient fait les campagnes de Philippe , il y en avait un grand nombre que l'âge & leurs bleffures mettaient hors de fervice , il les renvoya dans leur patrie avec de riches préfens : il y joignit auffi des privileges faits pour flatter leur vanité , tels que d'affifter aux fpectacles la couronne de laurier fur la tête. Ce fut Cratère qui fe vit chargé de ramener en Grèce ces vieux guerriers , & le Roi lui donna , à la place d'Antipater , la viceroyauté de la Macédoine.

Le triomphe d'Alexandre ne tarda pas à être troublé , par un évènement qui mit à l'épreuve toute fa fenfibilité. Epheftion était depuis fon enfance le confident de fes penfées , & fi les Rois peuvent avoir des amis , celui-ci l'était fans doute de fon maître ; Alexandre le fçavait bien : un jour qu'on vantait devant lui la tendreffe de Cratère, *Cratère, dit-il, aime le Roi, mais Epheftion aime Alexandre.* Comme depuis la conquête de l'Inde le moyen le plus affuré de plaire au Héros, était de jouer un rôle dans fes orgies licentieufes, à force d'allier enfemble les débauches de l'amour & celles du vin , une fièvre ardente s'alluma dans les veines d'Epheftion, & il périt des fuites de fon intempérance.

On ne peut exprimer la douleur profonde du Monarque, quand il apprit que ce fecond lui-même n'était plus ; il ordonna aux peuples de l'Afie de laiffer éteindre le feu facré , comme il était d'ufage à la mort des Rois de Perfe , il fit rafer le temple d'Efculape à Ecbatane, on croit même qu'il fit mourir en croix le Médecin Glaucias , qui n'avait pu guérir Epheftion

Quand il eut payé à la mémoire de fon ami ce tribut d'extravagances impies

& cruelles, il fit tranſporter ſon corps à Babylone, pour y recevoir les honneurs funèbres. On abbatit un pan des murs de cette Ville ſuperbe, dans la longueur de dix ſtades, & c'eſt dans cet eſpace que fut conſtruit le bucher. Le monument formé de trente édifices particuliers qui communiquaient entre eux, & décoré avec tout le faſte Oriental, s'élevait à cent quatre-vingt-quatre pieds de haut. Un calcul de Diodore, exagéré ſans doute, en fait monter la dépenſe à douze mille talens ou ſoixante-cinq millions.

Non content d'avoir fait à ſon favori des funérailles telles que l'Aſie ne les imagina jamais à la mort de Cyrus ou de Sémiramis, Alexandre voulut, de ſon autorité privée, le loger parmi les immortels : il demanda pour la forme l'agrément de l'Oracle d'Ammon, & quand il l'eut obtenu, il inſtitua, en l'honneur de l'homme intempérant qu'il venait de conduire au bucher, un culte religieux. Le premier facrifice qui lui fut offert coûta la vie à dix mille victimes.

Il eſt difficile de croire qu'Alexandre pour éternifer encore plus le fouvenir de fes regrets, n'ait pas bâti quelque Ville, en l'honneur du compagnon de fa gloire & de fes débauches; tout le monde fçait qu'il en avait bâti une dans l'Inde, en l'honneur de fon cheval Bucèphale, & ce qui n'eſt connu que d'un petit nombre de fçavans, il avait rendu le même hommage à la mémoire de Perite, fon chien favori (*a*). Je ne parle pas ici de toutes les Alexandries qu'une renommée infidèle a fait conſtruire par ce Prince, dans le cours de fes conquêtes. Etienne de Byzance en comptait dix-huit (*b*), & le bon Plutarque juſqu'à foixante & dix: quand on veut concilier toutes ces conſtructions de villes

(*a*) *Plutarch.* in Alexand.
(*b*) In voce *Alexandria.*

avec les marches rapides du Conquérant
en Afie, on eft tenté de croire qu'il n'a
bâti toutes fes Alexandries qu'avec la
lyre d'Amphion.

Alexandre dans l'intervalle de la mort
de fon favori & de fa pompe funèbre,
pour fe diftraire un peu des idées finif-
tres dont fon ame était obfédée, avait
mené fon armée fur les terres des Cof-
féens, Peuple belliqueux des montagnes
de la Médie, que jufqu'alors aucun Roi
de la Perfe n'avait pu dompter ; il fit
la conquête de toute la contrée en quarante jours, enfuite il paffa le Tygre,
& prit la route de Babylone.

Il était tems que le Conquérant parut
devant cette ancienne Métropole de
l'Afie. Harpale qu'il en avait nommé
Gouverneur, perfuadé que les Macédoniens ne reviendraient jamais de l'expédition de l'Inde, s'en était fait le
Souverain abfolu, & fi ce factieux avait
eu autant de génie que d'ambition, il
ne tenait qu'à lui de défendre avec

ſuccès le trône qu'il avait uſurpé, contre des ſoldats amollis par leur vie licen-tieuſe, & qui n'avaient de force que par leur ancienne renommée ; mais Har-pale énervé lui-même par la dégradation de ſes mœurs, n'était pas en état de conduire un projet audacieux à ſa ma-turité. A l'approche du Héros qui venait le punir, il ſe contenta d'emporter cinq mille talens (un peu plus de vingt-ſept millions) du tréſor de Babylone, & à la tête de ſix mille hommes de guerre qu'il avait raſſemblés, il vint chercher un aſyle dans Athènes, contre le cou-roux du Roi de Macédoine.

Athènes qui n'était plus la République des Themiſtocle & des Alcibiade, avait le plus grand intérêt à ne point rompre avec le Héros qui l'avait déjà vaincue à Cheronée, & pour endormir ſa poli-tique il fallait néceſſairement la cor-rompre ; Harpale commença par tenter la probité de Phocion, en lui faiſant offrir ſept cens talens, mais Phocion était un de ces hommes rares que la nature avait oublié de faire naître au siècle d'Aristide. Les Ministres de la corruption échouèrent auprès de lui ; ils furent plus heureux auprès des Orateurs, déjà corrompus d'avance par l'espoir de partager le fruit des brigandages d'Harpale. Quand le factieux eut ainsi mis à prix l'éloquence de ces bouches venales, il voulut acheter le silence de Démosthène & il y réussit. Un jour que cet homme de génie, mais dont l'ame était si faible, assistait à l'inventaire des riches effets enlevés du trésor de Babylone, on tomba sur une coupe d'or d'un travail exquis, que l'Artiste avait faite pour Alexandre. Démosthène qui ne pouvait se lasser de l'admirer, en demanda le poids : *elle peut bien*, dit Harpale en souriant, *peser vingt talens* (a),

----

(*a*) Il faut bien distinguer ici le *talent-monnaye* des Grecs du *talent - poids*. Le dernier

& le soir même il lui envoya & la coupe & vingt talens en numéraire.

Démosthène ne se consola pas long-tems, avec son or, de son ignominie; l'Aréopage informa contre sa prévarication, & le condamna à une amende de cinquante talens; l'Orateur qui ne pouvait la payer s'exila; il ne fut rappellé que plusieurs années après, quand oubliant la juste sévérité de sa patrie, il souleva, pour la sauver de la tyrannie des successeurs d'Alexandre, Argos,

---

dont il s'agit ici pesait soixante & dix livres attiques, qui répondent à soixante-six livres quarante-quatre grains, suivant l'évaluation de l'Europe moderne; mais sans parler ici du peu de vraisemblance qu'Harpale ait donné à Démosthène une coupe dont la valeur intrinseque, sans la façon, eût été de près de deux millions, il reste toujours dans cette anecdote une absurdité à dévorer: je demande comment on pouvait faire usage d'une coupe, du poids de plus de treize cent vingt livres; il aurait fallu pour la soulever une des machines d'Archimede.

Sicyone, Corinthe & presque toutes les Métropoles du Péloponèse ; malheureusement la cause la plus juste fut dans cette occasion la plus malheureuse. Antipater vainquit Athènes , & la força à condamner elle-même à mort, l'Orateur qui pendant si long-tems avait fait sa gloire. L'infortuné obligé de s'exiler une seconde fois , chercha un asyle dans un temple de Neptune , situé dans une petite isle de Calaurie , & comme les Satellites d'Antipater y entraient pour l'en arracher , il avala un poison violent qu'il portait toujours sur lui : l'effet en fut terrible , car quelques minutes après il tomba mort aux pieds de l'autel que ses mains défaillantes avaient embrassé. Athènes qui avait eu la faiblesse de le proscrire , rendue à ses remords , lui érigea une statue.

Quant à Harpale , obligé de se sauver d'Athènes , il tomba entre les mains de Philoxène , un des Lieutenans d'Alexandre en Europe , qui après lui avoir

fait fubir une queſtion cruelle, l'envoya
au fupplice (*a*).

(*a*) D'autres Hiſtoriens prétendent que ce
rebelle fut tué en trahiſon par Thimbron, un de
ſes amis, qui s'empara dans la ſuite de Cyrène ;
ce qu'il y a de ſûr, c'eſt qu'il ſurvécut à Alexandre. Diogène le Cynique diſait à ce ſujet,
que *la proſpérité d'Harpale accuſait les Dieux
qui lui laiſſaient de ſi longues jouiſſances.* Voyez
Cicer. de natur. deor. lib. 3. cap. 3.

ENTRÉE TRIOMPHANTE

D'ALEXANDRE DANS BABYLONE.

MORT DE CE CONQUÉRANT.

ALEXANDRE était attendu dans Babylone par les Ambaſſadeurs de preſque tous les Peuples de l'Aſie & de l'Europe qui venaient lui rendre hommage ; le Héros flatté de tenir pour ainſi dire les états généraux de l'Univers, ſe hâta d'arriver dans cette Ville ſuperbe, & y renouvella aux yeux des habitans le ſpectacle des entrées triomphantes de Ninus & de Sémiramis.

Les repréſentans des Royaumes & des Républiques du monde connu épuiſèrent leur génie, comme on s'en doute bien, à flatter la vanité d'Alexandre ; les uns lui offrirent les préſens les plus rares des contrées qu'ils habitaient, les

autres les titres de leur Souveraineté.
Quand le tour des Députés de Corinthe
fut arrivé, ceux-ci le prièrent seulement
d'agréer parmi eux le droit de Bourgeoisie. Le vainqueur de Darius & de
l'Inde sourit d'abord de dédain, quand
on lui proposa d'ajouter à ses titres celui
de Bourgeois de Corinthe ; mais quand
il eut appris que ce privilège, jusqu'à ce
moment, n'avait encore été accordé qu'à
Hercule, il l'accepta avec plaisir, pour
ne point déplaire au demi-Dieu, qu'il
disait issu comme lui du sang de Jupiter.

Une tradition Grecque veut que
parmi ces Ambassadeurs il s'en trouva
de Rome même (*a*). On ajoute que le

______

(*a*) On cite contre cette anecdote le témoignage de Tite-Live, qui assure, *lib. 9.
cap. 17.* qu'à cette époque le nom même d'Alexandre n'était pas encore parvenu en Italie :
mais de quel poids peut être un pareil témoignage, puisque, quelques pages auparavant, le
même Historien avait dit que la République
destinait Papirius Cursor à combattre le Héros
de la Macédoine, si après avoir conquis l'Asie,

Héros s'étant informé de la conſtitution
de cette République , lui prédit qu'un
jour ſa grandeur écraſerait l'Univers ;
Oracle , qui ainſi que tous ceux de l'Antiquité , n'a ſans doute été imaginé
qu'après l'évènement.

Quand le Héros fut un peu raſſaſié de
gloire , il ſongea à embellir cette Babylone , dont il voulait faire la Métropole
de ſa nouvelle Monarchie ; il rétablit
quelques digues de l'Euphrate , rendit
le fleuve plus navigable , & s'occupa
ſur-tout à réparer la fameuſe tour de
Belus , que Xerxès avait démolie à ſon
retour du Péloponèſe , & qui depuis
cette époque était demeurée en ruines :
les Mages furent chargés de préſider à
cette entrepriſe , & comme leur activité
ne répondait point à celle de ſon génie,

---

il venait l'épée à la main deſcendre en Europe ?
Il eſt probable que la terreur du nom d'Alexandre occaſionna en effet cette Ambaſſade , &
que dans la ſuite l'orgueil de Rome tenta de la
faire oublier.

il fit travailler en même tems dix mille de ses soldats , qui employèrent deux mois entiers seulement à enlever les décombres. On peut juger par ce trait de la masse énorme de cet édifice, décrit avec enthousiasme par Hérodote, Strabon & Diodore , mais dont on ne peut se faire une idée juste que par la gravure; Alexandre , dont tous les projets étaient romanesques , voulait encore aggrandir l'enceinte de ce monument, & multiplier le nombre des étages de la tour ; mais il n'eut pas le tems d'en poser la première pierre.

Il y avait long-tems que les Prêtres de la Chaldée , dont la sourde ambition ne voulait point être surveillée par Alexandre, annonçaient, pour l'éloigner de Babylone , des présages sinistres qui menaçaient sa tête ; & les Historiens n'ont pas manqué de rassembler tous leurs oracles , pour rendre plus pathétiques ces derniers momens du Maître du monde , & terminer le grand drame

TOUR DE BÉLUS.

de sa vie par un coup de théâtre qui produisît à la fois la terreur & la pitié. Ce n'est pas que le Héros fût né avec cette ame pusillanime qui s'entoure des terreurs de la superstition, pour tâcher de prolonger une existence qui lui pèse à elle-même ; mais ne voyant presque plus rien de grand à faire, il éprouvait un vuide qui lui annonçait le néant de son immortalité ; dans ces instans d'ennui, auxquels les Rois sont plus sujets que les autres hommes, il se rappellait toutes les conspirations où ses jours n'avaient tenus qu'à un fil, les malédictions des infortunés qu'il avait envoyés au supplice ; le mot sur-tout de Calanus sur le bucher, *qu'il reverrait bientôt à Babylone le Conquérant de l'Inde*, lui donnait des idées sombres, que toutes les jouissances de l'orgueil ne pouvaient dissiper ; il se livra pour se distraire, à tous les excès de l'intempérance, & en accélérant ainsi sa mort, il parut justifier les Oracles.

Une anecdote que Plutarque & Diodore nous ont conservée , annoncent combien la superstition rend petit & barbare , l'homme superbe qui craint de mourir. Le Monarque allait prendre le bain , il avait fait placer sa robe Asiatique & son diadême dans un sallon voisin : tout-à-coup un prisonnier qui avait rompu ses fers , traverse l'intérieur du Palais , sans qu'aucun garde se mette en devoir de l'arrêter , entre dans les appartemens secrets , s'assied tranquillement sur le trône d'Alexandre , & se ceint de son diadême. Le Prince qu'on instruit de ce trait de démence , vient lui-même en demander le motif à l'inconnu , qui répond qu'il n'en sçait rien lui-même : alors on consulte les Mages , qui déclarent un pareil augure infiniment sinistre. Alexandre troublé fait saisir le Roi de théâtre , & au lieu de lui donner de l'hellèbore , il l'envoye au supplice.

Le Juge survécut peu à sa victime.

Suivant la tradition , je ne dis pas la plus vraie , mais feulement la plus répandue , après une nuit entière paſſée dans la double yvreſſe du vin & de l'amour , il ſe rendit à un feſtin chez Medius. L'ordonnateur de la fête avait raſſemblé vingt convives, le Prince but la fanté de chacun d'eux ; enfuite il ſe fit apporter la coupe d'Hercule , qui tenait ſix bouteilles, & il l'avala preſque d'un feul trait. La mort était au fond de cette coupe ; le Héros tomba ſans connaiſſance ; une fièvre ardente fuccéda à cette ſyncope , & on le tranſporta fur un lit dont il ne ſe releva jamais.

Les Hiſtoriens qui connaiſſent aſſez peu la marche de la nature , pour ne donner jamais que de grandes cauſes aux grands événemens , ont cru qu'un Héros tel qu'Alexandre , ne pouvait avoir fini comme le vulgaire des hommes : ils ont fubſtitué du poiſon au vin de la coupe d'Hercule ; ce poiſon, à les croire , était une eau extrêmement froide , qui coule

goutte à goutte du haut d'un rocher
d'Arcadie, & dont la nature eſt ſi cor-
roſive, qu'elle perce tous les vaiſſeaux
où on la renferme, à moins qu'ils ne
ſoient faits de la corne du pied du
mulet. Ce fut Caſſandre, l'aîné des fils
d'Antipater, qui apporta, à ce qu'on
ajoute, ce poiſon ſingulier de la Grèce,
& qui le remit à Iolas ſon frère, l'échan-
ſon du Prince, pour le mettre dans ſa
coupe. Cette fable n'eſt point heureu-
ſement imaginée. L'eau des rochers qui
forme les ſtalactites n'eſt point un poiſon; d'ailleurs ſi on avait voulu avancer,
par une voie auſſi odieuſe, les jours
d'Alexandre, pourquoi apporter un
poiſon incertain, du fonds de l'Arcadie,
tandis qu'il croiſſait tant de plantes vene-
neuſes dans les plaines de la Chaldée,
plantes que graces aux mœurs dépravées
d'une ville que le luxe dévore, on
trouvait toutes préparées chez les Lo-
cuſtes de Babylone ?

La mort d'Alexandre fut la ſuite naturelle d'une fièvre ardente caufée par l'intempérance , & quand même la phyfique ne viendrait pas à l'appui de cette opinion , il faudrait en croire le journal de la maladie du Héros, qu'Arrien & Plutarque nous ont confervé fous le nom d'Ephémérides (*a*). On n'y

---

(*a*) Voici le morceau de Plutarque , qui me femble plus dans le ftyle de la chofe que celui d'Arrien ; je le tranfcris , parce que la curiofité doit être piquée de connoître des éphémérides de Babylone.

« Le dix-huit, le Roi dormit dans fa chambre » des bains , à caufe de fa fièvre.

» Le dix-neuf, après avoir pris le bain, il joua » aux dez toute la journée avec Medius. Le foir » il fe baigna encore , fit un facrifice , foupa » légérement , & eut la nuit un nouvel accès » de fièvre.

» Le lendemain, après le bain & les facrifices » ordinaires , il fe fit raconter par Néarque » l'hiftoire de fa navigation , & des périls qu'il » avoit courus au fein de l'Océan.

» Le vingt-un fut confacré aux mêmes ob- » jets ; le foir la fièvre augmenta, & le Roi paffa » une nuit très-agitée.

voit pas le plus léger symptôme de poison, & ce qui doit à cet égard éloigner tout soupçon de crime, de la part

---

» Le vingt-deux, la fièvre redoublant de vio-
» lence, il se fit transporter près d'une grande
» pièce d'eau : là il s'entretint avec ses Géné-
» raux, sur les places vacantes parmi ses troupes,
» places qu'il ne voulait donner qu'à des Offi-
» ciers qui eussent fait leurs preuves de valeur
» & d'expérience.

» Le vingt-quatre, Alexandre fut plus mal,
» ce qui ne l'empêcha pas d'offrir les sacrifices
» ordinaires.

» Le lendemain , sa garde eut ordre de faire
» son service dans la Cour & le long des murs
» extérieurs du Palais.

» Le vingt-cinq, il se fit porter dans le petit
» édifice qui est au-delà de la pièce d'eau & y
» dormit un peu. Cependant la fièvre faisant
» toujours de grands progrès , les Généraux
» sur le soir vinrent près du lit où il reposait ,
» mais déjà il ne parlait plus.

» Le jour suivant ne différa point de la veille ,
» de sorte que les Macédoniens inquiets &
» craignant que leur Roi ne fût mort , vinrent
» assiéger les portes du Palais , & forcèrent la
» garde de leur ouvrir. Ce même jour , Python

des fils d'Antipater, c'eſt que malgré le ſoleil brûlant de la Chaldée, le cørps du Héros étant reſté expoſé pendant pluſieurs jours, ne donna preſqu'aucune marque de putréfaction ; il eſt inutile après ces détails, de s'amuſer à réfuter la calomnie qui a attribué la mort prématurée du Héros, au crime de ſon inſtituteur Ariſtote.

On prétend qu'Alexandre voyant qu'on déſeſpérait de ſa vie, voulut ſe précipiter dans l'Euphrate, afin que ſon corps ne laiſſant plus de traces, la terre ſe perſuadât que le fils des Dieux était retourné vers le lieu de ſon origine ; mais Roxane, une de ſes épouſes, em-

---

» & Seleucus furent envoyés au temple de
» Serapis pour demander au Dieu s'ils porte-
» roient le Héros mourant dans ſon ſanctuaire.
» Sérapis, répondit qu'il fallait le laiſſer où il
» était.

» Le ſurlendemain, ſur le ſoir, on apporta la
» nouvelle de la mort d'Alexandre ». Voyez
Plutarch. in Alexandr.

pêcha l'effet de ce dernier fonge de fon orgueil.

Cependant les Macédoniens alarmés fur l'état de leur Souverain, engagèrent la garde à leur ouvrir les portes du Palais; ils fe répandirent en foule dans les appartemens, & arrivés près du lit de mort, ils confidérèrent dans un morne filence ce fléau de l'Afie, à qui de tant de palmes triomphales, il n'allait plus refter qu'un cyprès, pour ombrager fa tombe. Le Héros fenfible à l'intérêt tendre qu'ils prenaient pour fa vie, fit un effort, & fe foutenant fur le coude, malgré fa prodigieufe faibleffe, leur donna à tous fa main mourante à baifer, enfuite il retomba fans connaiffance.

Lorfqu'il eut repris un peu fes efprits, les Généraux s'approchèrent, & l'un d'eux lui demandant à qui il laiffait l'Empire qu'il venait de fonder : *au plus digne,* répondit il : une tradition Grecque prétend qu'il ajouta : *je prévois que des guerres fanglantes feront les jeux funèbres qui honoreront ma mémoire.* Quand la voix commença à lui manquer, il donna son anneau à Perdiccas, & peu après il rendit le dernier foupir. Il avait vécu trente-deux ans & en avait régné douze : fa mort tombe à l'an 1258 de l'Ere de Paros, qui concourt avec la première année de la cent quatorzième Olympiade.

Quand on veut raffembler tous les traits épars dans la vie d'Alexandre, & le juger d'après lui-même, & non pas d'après les portraits infidèles qu'en ont fait les Hiftoriens, on eft furpris de l'étrange compofé qui en réfulte ; affemblage fingulier de vices aviliffans & de grandes vertus, tour-à-tour généreux & lâche dans fes vengeances, protégeant les mœurs par fes loix & les dégradant par fon exemple ; Roi jufte pour les hommes qui le flattaient dans fes caprices, & Tyran féroce pour ceux qui bleffaient fon orgueil, il femble avoir mérité à la fois & la renommée que lui a faite l'enthouſiaſme , & celle qu'il doit à la malignité.

Peut-être qu'en approchant le flambeau philoſophique du cœur d'Alexandre , toutes ces contradiƈtions apparentes diſparaîtraient ; on verrait le peu d'intervalle qui ſépare l'homme vulgaire du grand homme , & la nature ferait juſtifiée.

Alexandre était né avec le germe de ces vertus douces & tranquilles qui font chérir l'homme , ſoit ſur le trône , ſoit dans la pouſſière. Il aimait ſa mère comme on aime dans l'âge d'or. Cette Princeſſe , toute altière , toute exigeante qu'elle était , fut long-tems dépoſitaire de ſes ſecrets , & confidente de ſes penſées. Un jour qu'Antipater ſe plaignait , dans une lettre très-raiſonnée , des obſtacles que mettait Olympias au bien qu'il méditait , dans ſa Vice-royauté de Macédoine : *l'inſenſé* , dit Alexandre , *il ignore qu'une larme d'une mère efface mille lettres comme celle d'Antipater !*

Ce Prince aimait ſes amis, comme s'il n'avait point été leur Roi : il ne ſe diſtinguait pas d'eux dans le commerce ordinaire de la vie ; auſſi nous avons vu Siſygambis prendre Epheſtion pour Alexandre, & celui-ci, loin d'en être bleſſé, répondre à la Princeſſe par ce mot admirable : *non, vous ne vous méprenez pas, mon ami eſt un autre moi-même.* Le trait de confiance en Philippe ſon Médecin, lorſqu'il but devant lui le breuvage qu'on lui avait annoncé comme un poiſon, eſt plus ſublime encore ; car à cette époque ce Prince ne s'était pas encore bercé de la chimère orgueilleuſe qu'il était immortel.

J'aime à m'arrêter ſur cette époque heureuſe, où l'encens du monde qu'il avait conquis ne l'avait pas encore enivré ; c'eſt alors qu'il avait le courage de badiner ſur ſa propre apothéoſe ; *Mes flatteurs ont beau faire,* diſait-il, *je me ſens homme, à deux tributs que je paye à la nature, au ſommeil & à l'amour.*

Sa générofité envers tout ce qui l'approchait était digne de fa grande ame ; jufte appréciateur de l'or, il ne l'amaffait que pour le répandre : on a beaucoup parlé de fa bienfaifance envers fes Généraux & fes Soldats ; mais comme il devait les encourager ou reconnaître leurs fervices, la politique pouvait y avoir quelque part : j'aime beaucoup mieux l'anecdote fuivante, parce que fon cœur noble s'y peint dans toute fa franchife. Un pauvre Macédonien conduifait devant lui un mulet chargé d'or, & la bête de fomme était fi laffe qu'elle pliait fous le fardeau ; l'homme du peuple, qui avait plus de zèle que de forces, pour foulager le mulet, prit la moitié de la charge, & marcha ainfi quelque tems, n'ayant que les regards de fon Roi pour l'encourager. A la fin, à demi-mort lui-même de fatigue, il était prêt de fuccomber, quand Alexandre s'approchant de lui : *mon ami*, lui dit-il, *tâche d'achever ta courfe & d'arriver dans*

*ta maison, car toute cette charge est pour
toi.*

Alors Alexandre se souvenait qu'il
vivait avec des Grecs, & il ne s'offen-
sait pas des traits républicains que le
patriotisme leur inspirait. Un jour que
quelques-uns d'entre eux oubliant ses
bienfaits, se répandaient en murmures,
sur les campagnes pénibles qu'il leur
faisait faire : *Je trouve*, dit-il, *qu'il est
très royal d'entendre dire paisiblement du
mal de soi, quand on fait le bien.*

Il est triste qu'un sage tel que Socrate,
n'ait pas dirigé, pour le bonheur de la
terre, ces vertus naissantes qui ne demandaient qu'à être utiles ; malheureusement, Philippe de Macédoine qui ne
sçavait que vaincre les hommes ou les
tromper, donna à son fils l'éducation
militaire des Thésée & des Achille. Les
premiers livres qu'on lui fit lire furent
ces Poëmes pleins de génie, dont les
Héros vivent & meurent sur les champs
de bataille ; cette imagination neuve

encore, & qui ne pouvait se repofer que fur les jouiffances brillantes de la gloire, prit alors fon fantôme pour elle-même, & avec une éducation toute guerrière, Alexandre devint un Cyrus, comme avec une éducation philofophique il ferait devenu un Marc-Aurèle.

Du moment que l'imagination bouillante du Héros de la Macédoine eut découvert cet aliment dangereux de la gloire des conquêtes, ce fut un volcan terrible qui dirigea de ce côté toutes fes éruptions. Il ne règna plus, il ne refpira plus que pour fatisfaire fa démence héroïque : fon plan était d'entaffer Royaumes fur Royaumes, jufqu'à ce que le globe connu fût en fon pouvoir ; & lorfqu'après l'expédition de l'Inde, ne trouvant plus que l'Océan pour barrières, il apprit que la phyfique nouvelle avait découvert dans les plaines du Ciel une infinité de mondes habités par des êtres intelligens, il pleura de défefpoir de ce que la nature les avait faits inaccessibles à son épée. Ces pleurs terribles annonçaient à l'Europe entière son esclavage, si le Conquérant n'avait pas rencontré la coupe d'Hercule dans Babylone.

Au reste la valeur d'Alexandre avait toute la franchise des tems héroïques ; il ne cherchait point à éluder les dangers ; plus ils étaient grands, plus il les trouvait dignes de son courage : quelques jours avant la bataille d'Arbelles, Parmenion lui ayant proposé d'attaquer, dans l'ombre de la nuit, les Perses, qu'une éclipse de lune venait d'intimider, il lui répondit par ce mot si célèbre: *non, mon ami, je ne sçais point dérober la victoire.*

C'est d'après ces principes, qu'il avait puisé dans l'Iliade, sans doute, que ce rival d'Achille s'exposait dans la mêlée comme le dernier de ses soldats, recevait les blessures les plus dangereuses & s'en glorifiait ; espèces d'exploits qui ne le sont que pour l'inexpérience ; jamais les grands Capitaines ne se sont ainsi joué d'une vie dont dépendait la deſtinée de leurs ſoldats. Annibal, dans le cours de ſes longues guerres, ne fut bleſſé qu'une fois ; Céſar ne le fut jamais : Guſtave-Adolphe & Turenne, ne l'ont été dans nos tems modernes qu'à la bataille où ils ont été tués.

C'eſt en s'apprivoiſant ainſi, ſoit avec ſon ſang qu'il voyait répandre, ſoit avec celui des ennemis qu'il faiſait couler, que le conquérant contracta inſenſiblement cette férocité, qui a tant ſervi à éclipſer ſa gloire ; ici un autre Alexandre ſemble s'offrir à nos pinceaux ; mais ſi on ſuit avec quelqu'attention la chaîne de nos idées, on verra que le Héros guerrier a pu être le germe de l'homme de ſang, dont la philoſophie a flétri la mémoire.

Alexandre avait un plan très-vaſte de conquêtes, dont l'exécution demandait pluſieurs ſiècles, & il n'avait que la vie d'un homme pour le remplir. Ce n'était donc que par la rapidité de ſes

exploits qu'il pouvait aggrandir , pour
ainfi dire , fon exiftence guerrière ; auffi
devenait-il furieux, quand on lui oppo-
fait une longue & courageufe réfiftance ;
voilà le principe de la froide barbarie
avec laquelle il traîna , autour de Gaza,
le corps de fon intrépide Gouverneur ;
voilà pourquoi il fit conduire au gibet
deux mille prifonniers, faits dans le défaftre de Tyr , & qu'il fe vengea du tems
que lui avait fait perdre le fiége de la
Roche d'Oxus , en laiffant expirer fur
des croix l'élite de la Nobleffe de la
Sogdiane.

Cette atrocité qu'Alexandre ajouta
fi fouvent aux horreurs naturelles de
ce qu'il appellait le droit de la guerre,
fit dégénérer la plupart de fes expéditions en de vrais brigandages. Un Pirate
lui dit à ce fujet un mot plein d'énergie
& de vérité. Le Monarque fuperbe lui
demandait de quel droit il infeftait les
mers de Péloponèfe ; *du droit que tu
t'arroges d'infefter l'Univers : mais parce que*

je le fais avec un frêle Navire , on m'appelle un Brigand, & toi parce que tu as une flotte formidable à tes ordres , on te nomme un Héros. Le Héros ne fut point corrigé par la leçon du Pirate.

Tout homme de fang qu'était Alexandre , la terre fe taifait devant lui , & fon ambition était remplie. Il fut tenté alors de prendre le filence de la terreur pour celui de l'admiration ; & , fuivant la logique de l'orgueil , il fe crut fondé à faire fa propre apothéofe.

Les mœurs d'Alexandre , à cette époque , étaient déja parvenues au dernier période de dégradation. Tout ce qui l'environnait était vil , ou fur le point de le devenir. Un Eunuque de Perfe maîtrifait le vainqueur de la Perfe. Le Poëte Cherile, le Sophifte Anaxarque , à force d'en faire un Dieu , étaient parvenus à paffer dans fon efprit pour des hommes de génie. Quand un defpote , déjà corrompu par fa vanité , l'eft encore par l'adulation , le fage n'a plus d'efpérance de le ramener; il faut qu'il fe couvre lui-même d'opprobre, ou qu'il devienne fa victime.

Il en coûta cher à Callifthène, pour avoir voulu conferver la décence philofophique, au milieu d'une cour où le Maître étoit un Dieu, & où les efclaves invoquaient le génie d'un Chérile ou d'un Anaxarque.

Quelque-tems auparavant, Philotas & Parmenion, qui n'étaient pas des fages, mais qui avaient quelque chofe de cette franchife républicaine, faite pour en impofer aux Rois qui veulent abufer de leur pouvoir, avaient payé de leur tête leurs murmures contre la tyrannie naiffante. Le fils, fortant de la table de fon Souverain, avait été traîné, par fes ordres, au fupplice; le père, dont on craignait la vengeance, avait été affaffiné

Je ne parle pas du meurtre de Clitus, puifque la poftérité en a cru la honte effacée par les remords d'Alexandre. Cependant ne serait-t-on pas tenté de prendre ces remords mêmes pour une comédie jouée par la politique, quand on voit l'yvresse, cause du crime, lui survivre, quand l'assassin de son ami ne se console, que lorsqu'un sophisme abominable a tenté de rendre son assassinat légitime?

Je ne connais point de Roi plus odieux que cet Alexandre, du moment qu'il a abdiqué la nature humaine, pour se faire fils de Jupiter ; l'orgie perpétuelle de sa marche triomphale dans la Perse, ses combats d'ivresse, ses amours infâmes pour l'Eunuque Bagoas, tout le ravale au dernier rang des Princes, dont la mémoire est dévouée à l'opprobre. A peine quelques traits de son ancienne grandeur d'ame lui échappent, de tems en tems, pour justifier l'hommage des siècles, & empêcher qu'on ne le regarde comme un grand démenti donné à la morale des hommes.

Enfin la coupe d'Hercule venge la terre opprimée, & Alexandre qui n'avait

pu trouver une mort glorieuſe , ſur un
champ de bataille , la rencontre à la
ſuite de débauches aviliſſantes , dont
n'avaient pu le corriger le meurtre de
Clitus & la fin malheureuſe d'Epheſtion.

Si on rapprochait,ſous le même point
de vue , l'Alexandre des critiques &
l'Alexandre des enthouſiaſtes , il en ré-
ſulterait que ce Prince ſi admiré & ſi
haï était né pour n'exciter que l'admiration , & que l'éducation perverſe qu'il
reçut dans une Cour guerrière , le deſ-
potiſme & l'adulation en firent un objet
de haine , ſoit pour les Peuples qu'il
vainquit , ſoit pour ceux qui furent les
inſtrumens de ſes victoires, & ſi malgré
les torrens de ſang qu'il a fait répandre , malgré la perverſité de ſes
mœurs & l'orgueil ſacrilège de ſon
apothéoſe , il a conſervé ſa célébrité,
il faut l'attribuer au génie avec lequel
il fit le bien & ſouvent même le mal,
à l'étendue de la Monarchie qu'il fonda ,
& ſur-tout au mouvement nouveau qu'il

imprima au monde , en reculant les bornes de l'esprit humain dans ce siècle de lumières & de goût qui a été le germe de ceux d'Auguste & de Louis XIV.

DU SIECLE

D'ALEXANDRE.

ALEXANDRE en protégeant les Arts, en étendant la sphère de l'efprit humain, répara, jufqu'à un certain point, le crime de fes conquêtes ; comme de ce côté la gloire du Héros eft pure, mettons-la dans tout fon jour, & juftifions, s'il eft poffible, aux yeux du Sage, fon immortalité.

Le fiècle d'Alexandre tient encore plus à la gloire de la Grèce : c'eft par lui que la décadence de fes Républiques a été revivifiée ; c'eft par le goût qui refpire dans fes monumens, par le génie de fes Poëtes & la raifon profonde de fes Philofophes, que des efclaves fans patrie ont mérité d'être les inftituteurs des hommes.

Ce fiècle, le plus beau peut-être dont

l'efprit humain s'honore, en embrafferait fix , s'il fallait remonter jufqu'à l'époque où fleurirent Homere & Héfiode ; mais quand on le réduit dans les limites de l'opinion vulgaire , il commence vers la naiffance de Periclès , & va s'éteindre fous les premiers fucceffeurs d'Alexandre ; cet intervalle qui comprend tous les tems qui fe font écoulés , depuis la foixante & douzième jufqu'à la cent quinzieme Olympiade , eft d'environ cent quatre-vingt ans ; il eft à-peu-près le même que la chronologie compte entre les tems de Lucrèce & de Tacite, ce qui forme le fiècle d'Augufte ; & entre Malherbe & le Préfident de Montefquieu , ce qui compofe le fiècle de Louis XIV.

Le fiècle d'Alexandre ne fut pas le premier fans doute qui fecoua l'efprit humain ; il y avait eu long-tems auparavant, dans Babylone , un foyer de lumières qui s'était annoncé par les beaux monumens de Peinture , de Sculpture

& d'Architecture , qui avaient décoré la Capitale des Ninus & des Sémiramis. Un grand nombre de siècles avant cette époque , la philosophie indique encore un âge lumineux de génie & de raison, dont les rayons dispersés en Asie & en Europe éclairèrent dans la suite les Brames de Benarès, produisirent l'Académie de Balk , & préparèrent les beaux monumens de l'antique Babylone.

Il faut pour sçavoir , soit ce que le siècle d'Alexandre doit à la Babylone de Sémiramis & à celle des Atlantes, soit ce que nous lui devons, analyser pour ainsi dire le génie Grec , & le suivre depuis son germe jusqu'à son développement. Ce travail , dans une histoire (qui n'est point un traité philosophique) se réduit peut-être à classer avec méthode les connaissances humaines, & à faire pressentir, par un tableau raisonné de l'art , la chaîne des idées de l'Artiste , & la marche de son intelligence.

L'homme d'un siècle de lumières qui perfectionne peu à peu sa raison, ne doit pas être considéré sous le même point de vue, que l'homme sauvage qui se civilise. Ce dernier borné long-tems au soin de vivre & de se propager, a plutôt une existence animale qu'une existence intellectuelle; comme il est isolé dans la petite société que le besoin lui forme, il ne peut avoir ce génie qui naît du choc des idées; il n'éprouve ni l'ennui qui donne du ressort à l'ame, ni les passions fortes qui impriment sur ce qu'il fait le sceau de l'immortalité.

Mais l'homme déjà civilisé, qui connait toutes les avenues du monde social, marche à pas de géant, quand il prépare un siècle de lumières, & son essor est d'autant plus rapide, qu'il est placé sous un Ciel qui favorise plus le développement de ses facultés intellectuelles; or la nature & les Législateurs avaient tout fait pour exalter l'imagination des Grecs contemporains d'Homère

& d'Héſiode ; la terre qu'ils cultivaient s'ouvrait d'elle-même aux rayons générateurs du ſoleil ; ils parlaient la langue la plus harmonieuſe qui ait jamais exiſté : ils avaient ſubſtitué à d'obſcurs hyérogliphes les ſignes les plus faits pour fixer la penſée fugitive ; leurs Souverains leur avaient donné une Religion pacifique & un Gouvernement qui reſpectait les propriétés. A efforts égaux, il eſt évident que les Artiſtes de la Grèce devaient aller plus loin que ceux de Babylone, de Rome, & de toutes les Capitales du monde moderne.

La marche de l'eſprit humain dans la Grèce eſt aiſée à fixer. D'abord les Arts groſſiers furent imaginés par le beſoin, le goût vint enſuite les perfectionner, & enfin la raiſon ſe chargea de les analyſer & de leur aſſigner un rang dans l'échelle de nos connaiſſances.

Il n'y a que les productions du goût & de la raiſon qui conſtituent un âge de lumières : ainſi elles ſeules ſerviront de bafe à notre hiftoire du fiècle d'Alexandre.

Comme la nature de cet Ouvrage ne comporte qu'une hiftoire raifonnée des gens de goût & des Philofophes ; pour ne point fe perdre dans ce cahos de faits, il eft important d'établir d'abord le fil qui les lie entre eux : alors l'hiftoire des hommes tiendra en quelque chofe à l'hiftoire de l'efprit humain.

Voici l'arbre généalogique des Arts qui dépendent du goût, tel qu'on peut le donner dans une hiftoire de la Grèce, & tel peut-être qu'on aurait dû le trouver dans nos Encyclopédies.

Tous les Arts qui tiennent à l'imagination cultivée, c'eft-à-dire au goût, ne font philofophiquement parlant que la nature peinte & animée. A ce titre il faut placer la Peinture par excellence, à la tête des connaiffances humaines.

Il y a un fait qui démontre cette antériorité de la Peinture, fur les autres Arts qui ont pour bafe l'imitation de la nature : c'eſt que dès que l'homme ſçut écrire il ſçut peindre : en effet , la pre-mière écriture fut hyéroglyphique , & qu'eſt - ce qu'un hyéroglyphe , ſi ce n'eſt un tableau ?

Le Peintre avant d'animer la nature par la magie de ſes couleurs , a dû ſe borner pendant pluſieurs ſiècles au deſſin. C'eſt dans ce période qu'on peut placer l'origine de la Sculpture & de l'Archi-tecture , arts nés du deſſin , avant que la Peinture parvînt à ſon adoleſcence.

Le Sculpteur ſe contenta d'abord de pétrir groſſièrement une maſſe d'argile , enſuite il façonna la pierre , il anima le marbre , & il finit par faire reſpirer en bronze ces Dom Quichottes des Etats à demi civiliſés qu'on a appellés des demi-Dieux , & ce qui vaut encore mieux , les Sages , les Bienfaiteurs des hommes , & les Fondateurs des Républiques.

L'Architecture , le dernier des arts , dépendans du deſſin , ſe conſidère dans un arbre généalogique de nos connaiſfances, comme divifée en trois grands rameaux, qui forment l'Architecture civile, l'Architecture militaire & l'Architecture navale.

On fent que l'Architecture civile ou l'art de fe loger, étant fondée fur un befoin impérieux de la nature, a dû être antérieure à la formation des grandes fociétés ; mais que pouvait être un Architecte dans l'âge d'or ? le conftructeur d'une hutte quarrée ou circulaire, formée de joncs & revêtue de feuillages. C'eft cependant dans cette hutte fauvage qu'eft né l'art fublime des Vitruve & des Palladio ; c'eft à fa ftructure groffière qu'on doit les jardins fufpendus de Babylone, le temple d'Ephèfe, les Propylées, le Palais d'or de Néron, & cette foule de chefs-d'œuvres de l'induftrie humaine, qu'on preffent encore au milieu des ruines de Baalbeck, de Palmyre, de Rome & d'Athènes.

L'Architecture civile n'eft de notre reffort, que du moment où l'art eft

parvenu à fa maturité : quant à l'Architecture militaire ou l'art de fortifier les
Places , & à l'Architecture navale ou
l'art de conftruire des vaiffeaux , elles
tiennent moins à l'imagination qu'à cette
grande branche de l'adminiftration des
Etats qu'on appelle l'économie politique.
Au refte toute la théorie de la dernière
a été développée dans l'hiftoire des Phéniciens & dans celle des expéditions
des navigateurs du Péloponèfe. Pour la
tactique militaire , elle a été épuifée dans
l'hiftoire des fièges de Tyr , de Rhodes
& de Syracufe.

Les arts d'agrément ne font féparés
que par des nuances légères , parce que ,
comme je l'ai dit , ils ont tous l'imitation
de la nature pour bafe. Or la main légère
de l'Artifte n'a pu s'exercer à deffiner un
oifeau , que fon gofier n'ait tenté auparavant de répéter fon ramage. Cette partie
de la Mufique qu'on appelle la mélodie ,
remonte prefqu'auffi haut que l'ufage de
la parole : il n'en eft pas de même de

l'art de combiner les fons, qu'on appelle harmonie , c'eft le fruit d'une métaphy-fique profonde fondée fur les expé-riences délicates d'une oreille fine & exercée. Il eft évident que les annales de la Mufique Grecque ne commencent pour l'Hiftorien du fiècle d'Alexandre, que lorfque le goût de l'artifte a fait concourir une fuite non interrompue d'accords aux plaifirs de l'ame & de l'oreille ; encore ces annales doivent être infiniment rapides , parce que. la théorie qui nous en refte confifte en des dialogues inexplicables, & fon hiftoire en quelques merveilles que l'imagina-tion orientale a attribuées à la lyre des Orphée , des Terpandre & des Arion.

Nous avons vu comment l'homme en façonnant fa main à l'imitation des objets fenfibles , eft devenu Peintre , Sculpteur & Architecte : il n'a eu befoin, par le même principe , que de plier fa voix à des modulations imitatrices, pour se rendre d'abord Musicien, ensuite Poëte & Orateur.

La voix, ou si l'on veut, les langues qui en résultent, ont une certaine mesure, indépendante de la modulation musicale. Ce rithme plié à des règles, dans un idiome accentué, engendre la Poësie : on supplée par la rime à l'absence du rithme, ou du moins à son peu de valeur, dans un idiome barbare.

La Poësie dans toutes les langues est ou lyrique, ou narrative, ou dramatique.

La Poësie lyrique originairement faisait valoir la Musique, qui lui prêtait des graces à son tour ; les Terpandre & les Timothée chantaient leurs odes ; au siècle d'Horace on ne faisait plus que les déclamer : aujourd'hui on ne les chante ni ne les déclame, on les lit froidement, & voilà peut-être pourquoi l'homme de génie n'en fait plus.

La Poësie narrative renferme la fable, l'épigramme, dont les Grecs ont donné quelques modèles, & particulièrement l'Epopée, qui depuis Homère, & surtout à cause de lui, a été regardée par tous les Peuples, dans tous les âges, comme le chef-d'œuvre de l'esprit humain.

La Poësie devient dramatique dans la Tragédie, dans la Comédie & dans l'Eglogue. Les gens de goût pensent qu'Eschyle, Sophocle & Euripide ont créé la Tragédie pour leurs contemporains & pour tous les âges; ils font le même honneur à Théocrite pour le petit genre de l'Eglogue; quant à la Comédie, si Aristophane en tient le sceptre, il ne le doit qu'à l'ignorance ou à la méchanceté.

Si, d'un rythme particulier, assujetti à des règles invariables, dérive la Poësie, on peut ajouter que de ce même rythme assujetti à des principes plus arbitraires, & que le génie varie à son gré, résulte l'éloquence.

L'éloquence sur-tout dans les Républiques, où la liberté de penser est une des propriétés de l'homme les plus inaliénables, l'éloquence, dis-je, a besoin d'une imagination forte pour opérer ses merveilles, ce qui sert à confirmer la justesse de la filiation que j'établis entre toutes ces premières connaissances humaines qui dérivent de l'art de peindre la nature. Il est certain qu'on ne peut imaginer fortement sans peindre de même. L'Orateur tyrannise pour ainsi dire l'organe de l'homme qui l'écoute, & quand on a subjugué la machine on a bientôt subjugué l'entendement.

Il n'y avait dans la Grèce d'autre éloquence, que celle de l'homme d'Etat qui s'exerçait au Sénat, dans la Tribune aux harangues, ou sur les champs de bataille; ce n'est que dans nos tems modernes, ou, au défaut de cette éloquence mâle & fière, on a créé l'éloquence de la Chaire & celle des Academies.

Tel est le tableau des arts ou l'imagination s'exerce , & qui , cultivés par les Grecs avec un fuccès étonnant , à l'époque dont l'Hiftoire nous occupe , leur ont mérité le titre d'inftituteurs des hommes.

La raifon qui affigne un rang à tous ces Arts , dans la ferie des connaiffances humaines , vint fe placer elle - même à une des extrémités de l'échelle ; mais quoi qu'en ait penfé l'enthoufiafme de deux fiècles d'ignorance, il eft certain que fes progrès chez les Grecs ne fuivirent pas ceux du goût. La métaphyfique dans Athènes ne fe berça que de chimères brillantes ; la logique à force de fe raffiner ne fit naître que des fophifmes ; pour la phyfique, à peine fortit-elle de fon berceau. Toutes ces ramifications du grand arbre de la raifon ne méritent pas d'être envifagées à part dans une hiftoire de la Grèce, & les hommes célèbres qui les ont cultivées n'y paroîtront que fous le titre général de Philofophes.

Après avoir embrassé d'une vue générale tout l'ensemble du tableau, des-
cendons aux détails, & tâchons d'apprécier par les faits , encore plus que
par les raisonnements , le beau siècle
d'Alexandre.

HISTOIRE DE LA PEINTURE

EN GRECE.

Nous sommes obligés de traiter ce sujet avec quelqu'étendue , soit parce que nos recherches sur la Peinture sont liées essentiellement avec celles qui regardent la Sculpture & tous les arts émanés du deffin, soit parce que les monumens de la Peinture Grecque s'étant perdus , il faut que la théorie entière de ce bel art se retrouve du moins dans l'histoire.

Les Sçavans qui ne sont que sçavans, ont long-tems disputé entre eux, pour sçavoir si la Peinture était antérieure au siège de Troye ; l'homme de goût pouvait leur dire qu'ils ne s'entendaient pas, & il aurait terminé la dispute, si une dispute entre des Sçavans pouvait être terminée.

S'agit-il de cette Peinture linéaire qui ne confiste qu'à rendre avec un trait les contours de l'objet qu'on imite , il eft probable qu'elle eft auffi ancienne que le monde ; les enfans n'ont befoin d'aucune leçon pour deffiner d'une manière auffi imparfaite les objets qui les frappent ; les Sauvages qui à tant d'égards font de vieux enfans , ont de tout tems employé la pointe de leurs flêches à tracer fur le fable l'image fugitive de leurs maîtreffes ; on a même trouvé des Caraïbes qui fçavaient la graver fur l'écorce naiffante de leurs palmiers , afin , comme le dit Virgile, que ces arbres ne cruffent qu'avec les monumens de leurs amours.

Cette obfervation rend plus que fufpeéte la fameufe hiftoire de la fille de Dibutade. Les Grecs ont dit qu'elle donna naiffance à la Peinture , en crayonnant , à la lueur d'une lampe, l'ombre que traçait fur un mur le vifage de fon amant. Ces Grecs étaient bien hardis, de fuppofer qu'ils avaient tout créé, eux dont la patrie fortait à peine du fein des eaux, lorfque les Phéniciens avaient exécuté des navigations hardies autour du monde, lorfque la Chine avait commencé les fuperbes canaux qui la partagent, lorfque les Rois de l'Affyrie jettaient les fondemens de Babylone.

En général les commencemens de la Peinture en Grèce, font auffi obfcurs que ceux de fa civilifation. Il ne faut pas plus rechercher quels furent les premiers tableaux de leurs artiftes, qu'il ne faut expliquer comment Orphée fe fit écouter des arbres, & comment Thèbes s'éleva au fon de la lyre d'Amphion.

Il en eft de la Peinture comme de tous les arts qui tiennent à l'imagination; on commence par être dur, on devient enfuite fçavant, le goût fuccède, & le raffinement du goût amène la décadence.

Il ne nous reste aucune peinture du siècle d'Alexandre : le tems impitoyable en a détruit jusqu'aux plus foibles vestiges ; mais l'histoire nous a transmis l'enthousiasme qu'excita chez ce Peuple sensible la vue des chef-d'œuvres des Appelle , des Timanthe & des Protogène , & cet enthousiasme est assez justifié par les antiques admirables que l'Italie possède , tels que l'Antinoüs, l'Apollon , la Venus de Médicis , modèles éternels du vrai beau , & sans lesquels nous n'aurions peut-être jamais eu ni le grand Raphaël, ni le Corrège.

Et comment la Grèce n'aurait-elle pas été le sanctuaire des arts du dessin , puisque son ciel , ses mœurs & ses loix , tout concourait à les encourager ? on naissait à Athènes Peintre , Sculpteur , Poëte & Musicien , comme les hommes naissent petits vers les poles , & noirs sous l'équateur.

L'air pur que les Grecs respiraient , le régime de Pythagore , que la plupart avaient adopté , les exercices même de la gymnaſtique , en donnant à leurs organes tout leur développement , leur procurait cette ſenſibilité vive qui ſeule apprécie les grands Artiſtes & les fait naître ; c'eſt cette étonnante ſenſibilité qui explique comment la lyre de Timothée produiſait des Héros , comment les Eumenides d'Eſchyle faiſaient avorter les femmes , & peut-être comment une ſtatue put inſpirer de l'amour à Pygmalion.

Ajoutons à tous ces avantages , que les maladies qui éteignent ailleurs la beauté , étaient inconnues dans ces climats ſi chers à la nature ; la petite vérole , la lèpre , le rachitis n'y dégradaient aucun individu , & preſque tous les jeunes gens des deux ſexes pouvaient ſervir de modèles aux Timanthe & aux Phidias.

Les Gymnaſes & les Jeux publics ſervaient d'Académies aux Peintres & aux Sculpteurs, quand ils voulaient deſ-

finer dans les hommes les beautés mâles de l'âge viril & les graces délicates de l'adolefcence. « Quelquefois, dit à ce
» fujet l'ingénieux Winckelman, les
» contours d'un corps vigoureux &
» bien conformé fe traçaient dans l'em-
» preinte que de jeunes lutteurs laiffaient
» fur le fable de l'arène, & on imagine
» aifément que ces beaux corps parfai-
» tement nuds fe montraient fous une
» multitude de fituations & de points
» de vue dont la nobleffe, la vérité
» & l'expreffion ne peuvent fe rencon-
» trer dans les attitudes contraintes de
» ces modèles mercenaires, qui dans
» nos atteliers vendent aux Peintres &
» aux Sculpteurs leur ignoble nu-
» dité (*a*) ».

Les grands fpectacles de la Grèce ne fervirent long-tems à former le goût

______

(*a*) Seconde lettre de Winckelman *fur l'imi-tation des Artiftes Grecs*, traduite de l'Italien, dans le *Journal étranger*, année 1760.

des artiftes , que dans le genre noble &
gracieux ; mais dans la fuite le Roi de
Syrie , Antiochus Epiphanes , y introduifit les combats des Gladiateurs , &
alors les Xeuxis & les Praxitèle purent
épuifer le pathétique dans l'imitation
de la nature , alors la Tragédie pitto-
refque s'aggrandit , & on eut l'idée du
groupppe fublime de Laocoon.

La nature avait donc tout fait pour
les Artiftes de la Grèce ; ils ne pouvaient fortir de l'enceinte de leurs
maifons, lire leurs Poëtes , parcourir
leurs monumens , fans rencontrer à
chaque inftant le modéle de la grace
& le type de la beauté.

Les inftitutions Grecques fe réunirent
à la nature pour faire des Artiftes ; on
connaît la loi d'Athènes qui défendait
aux Efclaves d'exercer la Peinture, loi
qui en relevant la dignité de l'art , apprenait à l'Artifte avec quelle nobleffe
il devait l'exercer.

Les grands talens dans la Grèce fai-

faient prétendre à tout ; un Peintre fupérieur pouvait donner des loix à fa
patrie ; un Sculpteur , homme de génie,
pouvait commander des armées ; on
prodiguait les ftatues au citoyen qui
faifait la moindre découverte dans les
arts (*a*) , & le fimple portrait de Théfée
par Parhafius valut à l'auteur fon apothéofe (*b*).

Ce qui mit le comble à la faveur des
Artiftes , fut le foin des Gouvernemens
de les employer à de grands ouvrages :
il y avait toujours de nouvelles ftatues
à ériger, de nouveaux édifices à décorer
aux dépens du Public ; les Temples fur-
tout étaient remplis des chefs-d'œuvres
de l'art , & il y en avait qui au rapport

(*a*) On éleva dans l'Ifle de Naxos une ftatue
à un ouvrier qui avoit découvert le fecret de
travailler le marbre en forme de tuiles , pour
couvrir les édifices. Paufanias , *Voyage de la
Grèce* , liv. 5.

(*b*) Plutarch. *in Théf.*

de Strabon étaient des galeries de Peinture (*a*).

Ajoutons que du tems de Phidias on avait établi à Delphes & à Corynthe des concours de Peinture, avec des juges pour apprécier les tableaux & adjuger les prix aux vainqueurs : on fçait l'hiſtoire de ce portrait couronné qui convertit une célèbre courtiſanne ; il repréſentait un Philoſophe pratique ; la Ninon grecque, à table avec ſes amans, jetta par hazard les yeux ſur ce tableau, rougit & ceſſa d'être courtiſanne.

La Peinture trouva dans la Grêce tant d'encouragement au ſiècle d'Alexandre, qu'il s'y forma deux écoles fameuſes, l'Attique & l'Ionique ; dans la ſuite Eupompe y ajouta celle de Sicyone, & cette dernière ville mérita ſans doute d'être en ce genre la rivale d'Athènes, puiſque Polemon fit un gros livre qui

____

(*a*) Geogr. lib. 14.

n'était que le catalogue de ſes tableaux (*a*).

Il n'y avait pas juſqu'à la mythologie
Grecque, qui ne fournit aux Peintres une
ſource intariſſable de ſujets propres à
rechauffer leur génie, & quelque favorable que fût l'hiſtoire des amours des
Dieux à la licence des Artiſtes , il ne
paraît pas qu'ils en abuſaſſent, pour
corrompre les mœurs publiques ; auſſi
Platon , l'ennemi des Poëtes , conſerva
les Peintres dans ſa République.

La forme que les Artiſtes de la Grèce
donnèrent aux images de leurs Divi-
nités , prouvent qu'ils ſçavaient allier
le beau phyſique avec le beau idéal :
ils repréſentaient les Déeſſes toujours
vierges , afin de conſerver à leur ſein
toute ſa perfection ; pour leur légéreté ,
ils ſemblent en avoir pris l'idée dans
Homère , qui la compare à la penſée ;
c'eſt ainſi qu'ont été imaginés l'Apollon

(*b*) Athenée , *Deipnoſoph.* lib. XIII.

du Belvedère , la Venus de Médicis ,
& fur-tout le Génie aîlé de la vigne
Borghèfe.

Tous les tableaux & fur-tout toutes
les ftatues repréfentaient d'ordinaire des
perfonnages nuds ; mais quand la décence & le coftume obligèrent les
Artiftes de les drapper , ils le firent avec
grace ; on peut en juger par le manteau
de la Niobé , qui paffait pour un chef-
d'œuvre de l'art aux yeux de Raphaël.

Quant aux compofitions de Peinture ,
on peut dire que les Grecs du fiécle
d'Alexandre exécutèrent à-peu-près tout
ce que nous exécutons aujourd'hui , à
l'exception des grandes coupoles & des
petits ouvrages en émail.

Pline a dit, & le peuple de fes enthoufiaftes a répété , que dans les beaux
fiècles de la Peinture les Artiftes n'employèrent jamais dans leurs tableaux
que quatre couleurs (*a*) ; il me femble

____

(*a*) . . . . avec quatre couleurs feules , dit

démontré qu'il s'agit ici de quatre couleurs primitives, qui allaient en se dégradant par des nuances insensibles ; assurément si Timanthe avait fait son sacrifice d'Iphigenie seulement avec le blanc d'Egypte, avec le noir de l'Atramentum, le jaune de l'Attique, & le rouge de la terre de Lemnos, il n'aurait pas été si vanté par les hommes de goût, qui avaient sous leurs yeux des statues aussi admirables que le Jupiter de Phidias & le grouppe de Laocoon.

En général, Pline, de qui nous tenons le peu de mémoires qui nous restent, sur les connaissances des anciens dans les arts qui dépendent du dessin, n'était point entré dans les mystères de la peinture ; je vois presque toujours l'homme

------

» ce Philosophe, qu'Apelle, Echion, Me-
» lanthe & Nicomaque, ces Peintres célèbres,
» dont chacun des tableaux valait toutes les
» richesses d'une ville entière, ont fait leurs
» ouvrages immortels ». *Histor. natur.* lib. 35.
cap. 7.

de lettres qui écrit & jamais l'artiste ; il nous inftruit de tous les contes populaires qu'on débitait fur les Peintres célèbres, du prix qu'on mettait à leurs tableaux, des édifices où on les confervait ; mais il ne porte que des jugèmens vagues fur leurs ouvrages : on fent même que la langue de l'art lui eft inconnue ; il ne parle jamais du fentiment du nud que confervent les draperies, de la magie du clair obfcur, de la diftribution harmonieufe des grouppes, de l'effet fublime de ces maffes de lumières, frappées avec intelligence fur la chaîne d'une compofition ; il paraît n'écrire fur la peinture, qu'à caufe des matières qui font la bafe des couleurs, & encore ce qu'il dit des fubftances colorantes eft-il fouvent erronné. Telle eft fon hiftoire extravagante de la compofition d'une couleur précieufe dans l'Inde, qu'il attribue au fang d'un éléphant, pompé par un dragon, & mêlé enfuite avec le fang du dragon, écrafé par la chûte de l'éléphant.

Ce défaut de connaissances , dans Pline , a fait conclure à quelques modernes qu'elles manquaient aux artistes mêmes dont il écrivait l'histoire ; mais la conséquence n'est pas exacte. Timanthe , Xeuxis & Protogène étaient peintres , quoiqu'on ne parle pas dans la première des encyclopédies, la langue de la peinture , & il faut mieux, à cet égard, faire le procès à Pline qu'à toute l'antiquité.

Oui les anciens étaient peintres, & l'étaient dans le sens de nos Titien & de nos Michel-Ange ; mais ce n'est qu'en devinant çà & là quelques textes de leurs livres, qu'on peut faire l'histoire de leurs découvertes.

On ne peut douter qu'ils ne fissent des esquisses de leurs compositions, avant de les transmettre sur la toile ; ces esquisses se dessinaient sur des tablettes de buis, ou sur une espèce de velin (*a*) ; les

____

(*a*) *Tabulis & membranis* , dit Pline , lib 35. cap. X. Nos Artistes dessinent encore aujour-

amateurs confervaient ces efquiffes, parce que fouvent le feu du yeux s'y montraient plus à découvert que dans les tableaux.

On conjecture, par un paffage de Pline fur un tableau de Paufias, que les anciens connaiffaient l'art du raccourci. Ce philofophe dit que l'artifte pour faire preffentir la groffeur d'un taureau, ne le peignit pas en flanc, mais en face (*a*). Il eft certain que les contemporains d'Apelle & de Protogène eurent fouvent à peindre des voûtes de temples & d'édifices publics, & que ce travail était impraticable, s'ils ignoraient les raccourcis. Cet art eft un des grands

---

d'hui fur le velin, quand leurs deffins ne font pas lavés.

(a) *Cum longitudinem bovis oftendere vellet, adverfum eum pinxit, non tranfverfum ; unde & abunde intelligitur amplitudo.* lib. 35. cap. XI. Cet *adverfum* oppofé à *tranfverfum*, ne peut défigner qu'un raccourci.

mérites des coupoles admirables de Lan-
franc & du Corrège.

Nous tenons de Quintilien que Xeuxis
& Appollodore se distinguèrent les premiers dans l'art du clair-obscur (*a*), &
quand ce Perraut, qui mit tant d'esprit
à refuser du génie aux anciens, voulut
leur ravir cette connaissance, il fit soupçonner sa mauvaise foi ; le critique s'ap-
puyait sur un texte de Pline , où on
citait comme une merveille, la peinture
d'une colombe buvant au bord d'une
fontaine, & obscurcissant l'eau par l'ombre de sa tête (*b*) , il en concluait qu'on
n'avait point encore représenté l'ombre
qu'un corps fait sur un autre, quand il
est interposé entre lui & la lumière (*c*) ;

____

(a) *Instit. orator.* lib. 12. cap. 10. Cet art
est aussi assez clairement désigné dans Pline ,
Histor. natur. lib. 35. cap. 5.

(b) *Mirabilis ibi columba bibens , aquam umbrâ
capitis infuscans.* Plin. lib. 36.

(c) *Parallèles ,* tom. I. pag. 201. = Il est probable que Perrault a lu dans Pline moins ce qui

mais il s'agit, dans le passage de l'Historien des arts, non d'un tableau ordinaire, mais d'une mosaïque. Or, ce qui
n'aurait pas été merveilleux avec le mêlange & la dégradation des couleurs,
paraît l'être avec des pièces de rapport. L'interprétation de Perraut est
vraiment insidieuse ; on ne s'attend pas
à un pareil délit littéraire, de la part du
philosophe qui discute des opinions. Il
ne convient qu'à l'homme vil & odieux
qui fait des satyres.

Ce qui paraît le plus problématique
dans les anciens, c'est leurs connaissances en perspective. On a cité avec
confiance les bas-reliefs de la colonne
Trajane & les peintures à fresque d'Herculanum, pour prouver qu'ils ignoraient
& la perspective linéaire, qui consiste

y était, que ce qu'il y cherchait : = au reste ce
Philosophe si bafoué par Boileau, & si vanté
par Fontenelle, n'a été mis à sa place que de nos
jours. Voyez sa vie dans les *Eloges* du Marquis
de Condorcet.

dans le jufte raccourciffement des lignes, & la perfpective aërienne, qui dépend d'une jufte dégradation dans les couleurs ; mais cette critique tombe à faux, quand on voit une foule de monumens des anciens, & qu'on lit leurs ouvrages.

La perfpective, dans l'ordre des connaiffances humaines, eft une branche de l'optique. Or, l'optique était connue des anciens : nous avons, fous ce nom, un livre d'Euclide, qu'on a cité comme un modèle, jufqu'à ce que les expériences du grand Newton l'ait fait oublier.

Il y a des textes lumineux fur la perfpective dans Vitruve, dans le dialogue de Platon, qui a pour titre *le Sophifte*, & même dans Pline (*a*), qui,

____

(*a*) Par exemple il dit de Paufias, qu'il faifait voir avec un art infini fur une furface, toute l'étendue des corps, & leur folidité, par des traits rompus : *magnâ prorfus arte in æquo extantia oftendens & in confracto folida.* lib. 35. cap. XI. = Pour peu que la Peinture foit familière, on reconnaît ici la perfpective.

en général, ignorait la langue de la peinture.

Les bas-reliefs de la colonne Trajane & les peintures d'Herculanum, ne font point l'ouvrage d'artiftes fupérieurs ; & quand ils le feraient, ne fçait-on pas qu'il n'y a point de parties de la peinture qui prète davantage à la licence que la perfpective ? Croirait-on, à voir certains tableaux du Guide, du Tintoret & de Paul Véronèfe, que ces grands hommes en étaient inftruits ? une preuve négative eft bien peu de chofe quand elle eft feule ; mais quand on lui oppofe des preuves pofitives, elle n'eft rien.

Veut-on juger fi les Anciens connaiffaient la perfpective ? qu'on jette les yeux fur une foule de médailles antiques, & fur-tout fur le fameux cachet de Michel Ange ; qu'on examine le tableau de Coriolan, trouvé dans les Thermes de Titus, la chaffe du Cerf du tombeau des Nafons (*a*), & le deuil

_____

(*a*) Elle eft gravée dans la planche XXX du

funèbre du Palais Barberin (*a*). Veut-on remonter plus haut , qu'on life avec attention, dans l'Iliade, la defcription du bouclier d'Achille , cette réunion de preuves forme une démonftration morale prefque égale en certitude aux axiomes des Géomètres.

Telles font les connaiffances qu'a-vaient les anciens, dans l'art des Proto-gène & des Raphaël: quant aux genres de Peinture qu'ils exerçaient, ils peuvent fe réduire à trois ; à la détrempe , à la frefque , & à l'art d'incorporer les cou-leurs dans de la cire fondue , qu'on ap-pelle l'encauftique.

La miniature était connue au fiècle d'Alexandre ; on vantait beaucoup , en ce genre , les tableaux obfcènes de Pa-rhafius , dont le Sultan de Rome Tibère ,

---

livre des Peintures antiques de Pietro Santo Bar-toli.

(*a*) On le trouve gravé à la page 78 du recuei i de Roffi , intitulé : *Admiranda veteris Sculpturæ veftigia.*

faifait fes délices dans fon ferrail de Caprée, lorfqu'il employait à violer les mœurs publiques, le tems qu'il ne pouvait mettre à égorger les hommes.

Les Artiftes Grecs exercèrent auffi leurs pinceaux à deffiner des coloffes ; c'eft à l'imitation d'un tableau coloffal trouvé dans l'ancienne Grèce, que Néron fe fit peindre en pied fur une toile de cent vingt pieds de hauteur, qu'il expofa au public dans les jardins de Marius. Il s'en faut bien que les figures coloffales de la fameufe coupole de Parme aient les mêmes proportions. Ce portrait de Néron fut brûlé par la foudre, du vivant même du tyran, qui avait voulu en faire l'emblême de fa divinité.

Le peu qui nous refte des monumens de la Peinture Grecque, confifte en frefques & en mofaïques.

Les frefques font les Figurines de la pyramide de Ceftius, la Vénus reftaurée par Carle Maratte, la noce Aldobrandine , & les peintures d'Herculanum (*a*).

Les figurines du Maufolée de Ceftius ne fubfiftent plus entières que dans la defcription de Bellori , & dans les gravures modernes ; l'humidité en a fait difparaître les couleurs & prefque tout le deffin. Cette humidité eft mortelle en hiver pour les peintures de Rome ; la pierre & le marbre y réfiftent à peine , & c'eft la raifon qui a engagé les Papes à faire copier en mofaïques les chef-d'œuvres des Raphaël , des Guide & des Carrache.

La Vénus eft de grandeur naturelle

(*a*) On peut y ajouter quelques frefques très-peu importantes & très-endommagées, trouvées en 1668 & en 1760 , les premières dans la vigne Corfini & parmi les ruines du Palais de Titus , les autres dans la vigne Albani ; un mauvais grouppe de trois figures , autant d'un facrifice , qu'on conferve dans le Palais Albani , & fept tableaux fans ordonnance , détachés d'une voûte trouvée au pied du mont Palatin , & qu'on montre dans la galerie du Collège de S. Ignace.

& couchée ; on la trouva lorſqu'on creu-
ſait les fondemens du Palais Barberin,
& Carle Maratte en répara la tête : on
remarque que cette peinture eſt ombrée
& éclairée comme ſi elle était à l'huile,
c'eſt-à-dire par des maſſes entières de
teintes dégradées & forcées ; il n'y a ni
correction dans le deſſin, ni expreſſion
dans la figure.

La noce Aldobrandine fut trouvée
dans les Thermes du Titus, & tranſ-
portée dans la vigne Aldobrandine. On
voit dans ce tableau l'épouſe aſſiſe ſur
un lit & parlant à une femme, tandis
que le futur attend avec timidité la
fin de cet entretien ; autour d'eux ſont
des Muſiciennes & des Matrones qui
font les apprêts d'un ſacrifice ; l'homme
de goût en trouve la compoſition
éparſe & découſue : le mari a l'air
d'un perſonnage ſubalterne, & il n'y
a point de correction dans le jet des
draperies.

Un pere Reſta a attribué la noce

Aldobrandine au célèbre Apelle , & la raison qu'il en donne est digne d'un antiquaire enthousiaste ; c'est que quand on découvrit cette fresque (en 1600) on jugea qu'elle avait deux mille ans d'antiquité, ce qui tombait à-peu-près au tems où vivait le Peintre d'Alexandre(*a*); on sçait qu'un Antiquaire calcule toujours avec une grande précision , & qu'il ne se trompe pas plus dans ses dates qu'un Chronologiste.

La noce Aldobrandine est célébrée évidemment dans le costume des Romains sous les premiers Césars , ainsi elle est très-postérieure au siècle d'Alexandre.

Si on avait pu espérer de trouver des Peintures de la plus haute antiquité , c'était dans les ruines de cette Herculanum , qui fut fondée par Alcide avant la guerre de Troye. Les laves

______

(a) *Richardson* , traité de la Peinture , tome 3. pag. 578.

du Vefuve, fous lefquelles cette ville
était enfevelie depuis tant de fiècles,
formaient un maffif de quatre - vingt
pieds d'épaiffeur, qui avaient mis fes
monumens à l'abri des impreffions de
l'air & de la main deftructice des barbares : mais l'attente générale a été
trompée, & puifqu'on n'a trouvé dans
Herculanum aucune Peinture du fiècle
d'Alexandre, il eft probable qu'elles
font perdues pour jamais.

Cependant il fallait dans une hiftoire
raifonnée de la Grèce, faire juger, par
les yeux, de la Peinture antique ; & ne
pouvant copier les originaux des grands
Maîtres du fiècle d'Alexandre, nous
avons tâché de conferver par la Gravure le moins mauvais des tableaux
d'un âge poftérieur qu'on a trouvés
dans Herculanum ; il s'agit du Théfée,
vainqueur du Minotaure : on voit que
ce Héros y eft repréfenté nud avec une
fimple draperie fur l'épaule ; le monftre
paraît renverfé à fes pieds, & de jeunes

Athéniens embraſſent les genoux de leur libérateur. La compoſition du tableau eſt froide , & les gens de l'art n'eſtiment que la tête du vainqueur du Minotaure.

Ceux des Artiſtes Grecs dont les ouvrages ſont parvenus juſqu'à nous, paraiſſent avoir un peu mieux réuſſi dans la Peinture à moſaïque que dans la Peinture à freſque ; on dirait qu'ils ont reſervé leur génie pour les ouvrages qu'ils conſacraient à l'éternité.

Il n'y a pas encore un demi-ſiècle que le Cardinal Furietti , en faiſant fouiller dans la vigne Adriani , trouva quatre tableaux en moſaïque qui attirèrent l'attention des connoiſſeurs , par la beauté du travail, la correction du deſſin & la vivacité du coloris. Ces tableaux ſont quatre pigeons de grandeur naturelle , qui paraiſſent jouer enſemble ſur les bords d'un baſſin ; une chaſſe de lion , de tigres & d'éléphans, dont le payſage eſt remarquable par ſa perſpective ; un char de triomphe traîné

par deux fangliers , & une guirlande
de fleurs & de fruits dont les ombres
font marquées avec tant d'art , que l'ouvrage paraît de relief.

Le monument le plus célèbre , je ne
dis pas le plus précieux , qui nous refte
des Anciens en ce genre , eft la mofaïque
qu'on trouva le fiècle dernier parmi les
ruines d'un Temple de Prenefte , &
qu'on a tranfportée dans le Palais du
Prince de Paleftrine. Elle a deux pieds
de long fur dix de hauteur ; la fcène
eft en Egypte ; auffi le fujet en eft - il
auffi inexplicable que fi c'était un tiffu
d'hyéroglyphes.

On ne reconnaît dans ce grand ouvrage aucune unité de deffin ; c'eft un
cahos où l'œil & l'efprit s'égarent à la
fois. L'Artifte a eu foin de mettre au-
deffus de chaque animal le nom qu'il
porte. Quant à la perfpective , à la
fcience du clair - obfcur , à l'art de
groupper , on n'en voit aucune trace ;
cette mofaïque reffemble à un papier

de la Chine faite au tems de l'invention de ce papier, & je conseille aux sçavans qui ont dit que les Chinois étaient une colonie des Egyptiens, d'en faire une base de leur système.

Si après toutes ces considérations, on voulait mettre la Peinture des Anciens en parallèle avec la nôtre, il ne serait pas impossible d'asseoir à cet égard d'heureuses conjectures.

Il ne paraît pas que les Grecs ayent tenté de grandes compositions, comme la salle des Géants de Jules-Romain, ou le plafond de l'apothéose d'Hercule. Cette seule remarque suffirait peut-être pour nous mettre au-dessus des Artistes du siècle d'Alexandre.

Ils dessinaient sans doute aussi bien que les grands Peintres de l'Ecole Romaine; on peut en juger par la Venus de Médicis, le Torse & l'Apollon; ces modèles admirables qui ont servi, non moins que la nature, à créer le génie de Raphaël.

Je balance encore moins à regarder les Anciens comme de grands Maîtres dans l'expreſſion : le Gladiateur expirant , le grouppe de Papirius & celui de Laocoon , ſont des chef - d'œuvres en ce genre ; & puiſqu'il y avait des Artiſtes qui donnaient de l'ame au marbre & au bronze , il devait y en avoir qui en donnaient à la toile.

Winckelman a obſervé avant moi combien les Anciens devaient l'emporter ſur nous dans les carnations (*a*) ; la plupart de nos Artiſtes expriment la peau par une multitude de petits plis trop apparens , & prononcés avec une ſorte de dureté : les Artiſtes Grecs au contraire , exprimaient ces plis par des lignes ondoyantes , qui naiſſant l'une de l'autre avec une gradation inſenſible , préſentaient un tout, qu'on croyait formé par un ſeul trait. Dans ces chef-

------

(a) *Réflexions ſur l'imitation des Artiſtes Grecs.* Lettre 3.

d'œuvres de l'antiquité, la peau , au lieu d'avoir un air de contrainte , femblait donc unie intimement avec la chair & en fuivre exactement tous les contours ; on n'y remarquait aucun de ces plis détachés qui lui donnent l'air d'une fubftance féparée du corps qu'elle recouvre.

Les Anciens paraiffent inférieurs à nous dans l'intelligence du clair obfcur , dans l'art de groupper avec harmonie , & fur-tout dans les grands effets de perfpective ; les grands éloges que les Ecrivains de la Grèce & de Rome donnent aux Artiftes qui dans ces parties ont fait faire un pas à l'efprit humain, prouvent qu'à cet égard l'art ne s'eft perfectionné que dans le fiècle des Carraches , des Corrège & des Raphaël.

On conjecture auffi que leurs payfages ne pouvaient égaler ceux de nos Peintres Flamands, parce que les couleurs qu'ils employaient prêtaient bien moins que l'huile à leur effet pittoresque ; de plus , ils s'occupaient peu à chercher des animaux de la belle espèce pour les dessiner ; on peut en juger par les petits chevaux de Lysippe qu'on voit à Venise au Portail de Saint Marc , & même par le célèbre cheval de la Statue de Marc-Aurèle.

Nous n'avons point de pièces de comparaison pour juger du coloris des Grecs, du tems des Républiques ; cependant il me paraît démontré qu'ils sçavaient colorer par nuances. Un tableau formé des quatre couleurs tranchantes dont parle Pline , paraîtrait ridicule à un Samoïede , & il eût été difficile qu'il excitât l'enthousiasme des hommes du goût le plus épuré , qui vivaient avec Aspasie & Alcibiade.

Un coup d'œil rapide jetté sur les Peintres célèbres de l'Antiquité , va achever de mettre le lecteur a portée de terminer lui-même le parallèle des grands Artistes du siècle des Médicis , avec ceux du siècle d'Alexandre.

DES PEINTRES CÉLÈBRES

DE L'ANCIENNE GRÈCE.

POLYGNOTE. —— On peut regarder cet Artiste comme le pere de la Peinture ancienne : il naquit à Thafe , petite ifle de la mer Egée ; il fleurit vers l'an 1162 de l'Ere de Paros ; jufqu'alors on n'avait peint qu'avec une feule couleur, il en employa quatre ; on ne fçavait repréfenter les femmes que nues, il les couvrit de draperies ; on ne deffinait qu'avec roideur ; il fçut adoucir les contours de fes figures & en varier les attitudes (a). Voilà de grands fervices rendus à l'art ; l'Italie moderne en exigea moins, quand elle donna le titre de reftaurateur de la Peinture à Cimabué.

Polygnote remplit de fes tableaux

(a) Pline , *Hift. natur.* lib. 35. cap. IX.

de chevalet les Temples de Delphes & d'Athènes ; on citait , avec diſtinction , ſon Caſtor & Pollux ; ſon Oreſte, poignardant Egyſte ; ſon Diomède, enlevant les flêches de Philoctète ; ſa Polyxême , prête à être immolée ſur le tombeau d'Achille ; & ſon Ulyſſe , emportant le Palladium (*a*).

On voyait encore à Rome, du tems de Pline , un guerrier , de Polygnote, peint dans cette attitude indécife d'un homme qui laiſſe en doute s'il monte, ou s'il deſcend (*b*) ; il eſt difficile de s'étendre ſur ce tableau , parce qu'on ne ſçait ſi le texte qui en parle eſt un éloge , ou une épigramme.

Les Athéniens , ſatisfaits des ouvrages de Polygnote, le chargèrent de peindre , en concurrence avec Myron , un édifice public , qu'on appellait le portique du Pœcile ; Polygnote y travailla unique-

____

(*a*) Pauſanias , *in Attic.*
(*b*) Plin. *loco citato.*

ment pour la gloire, mais son rival se fit payer de ses tableaux ; de pareils traits, chez un Peuple sensible, ne restent jamais sans récompense ; on donna, à l'Artiste désintéressé, le droit d'hospitalité dans toutes les villes de la Grèce, par un décret solemnel des Amphictions. Ces peintures de Polygnote, que ce trait avait rendu célèbre, se conservèrent, dit-on, au Pœcile d'Athènes, plus de huit cens ans.

Rien n'a plus contribué à la renommée de Polygnote, que ses deux fameux tableaux de l'embarquement des Grecs, après la prise de Troye, & de la descente d'Enée aux Enfers, que le Comte de Caylus a fait graver à l'eau forte, sur la description de Pausanias ; mais il y a des fautes essentielles dans leur composition ; les grouppes y sont liés sans intelligence ; on n'y voit aucune unité de dessin, sur-tout dans le premier, où la scène se passe à la fois dans le vaisseau de Menelas & sur les ruines de Troye.

Ce qui démontre encore plus, que l'art du tems de Polygnote était encore a son berceau, c'est le soin qu'il a pris d'écrire sous chaque figure le nom des personnages ; il est vrai que sans cette précaution qui caractérise l'ignorance, les deux tableaux de cet Artiste n'auraient été, même pour les contemporains, qu'un recueil d'hyerogliphes.

Au reste, ne nous hâtons pas de faire le procès à la mémoire du créateur de la Peinture Grecque ; il ne lui a manqué, peut-être, que de vivre avec Apelle, pour l'égaler ; son génie est de lui, & ses fautes, du siècle où il a vécu.

T I M A N T H E. —— Cet Artiste fleurissait à Samos environ vingt ans après Polygnote, personne n'a été plus loué dans l'antiquité ; il est vrai que ses panégyristes n'étaient point des Peintres, mais des Poëtes & des Rhéteurs, ce qui doit, après tant de siècles, jetter quelques nuages sur la pureté de leur encens.

Un des plus ingénieux tableaux de

Timanthe était, dit-on, son Cyclope endormi ; comme la toile était très-bornée, pour faire preſſentir la taille du Géant, il avait peint à côté de lui des Satyres, qui meſuraient ſon pouce avec un thyrſe ; s'il eſt vrai, comme on le ſuppoſe, que ce tableau fût de la grandeur de l'ongle, il eſt aſſez extraordinaire que Timanthe choiſit, pour deſſiner ſes Géants, le petit champ de la mignature.

Il eſt vrai que Timanthe ayant peint en concurrence avec Xeuxis, le tableau de la querelle d'Ajax & d'Ulyſſe, pour les armes d'Achille, ſortit victorieux du combat ; mais comme ce fait ſe trouve dans Pline (*a*), à la ſuite de quelques anecdotes ſur l'orgueil de Xeuxis, il pourrait ſe faire que les Juges euſſent plus ſongé à humilier cet Artiſte, qu'à faire éclater le génie de ſon rival.

______

(*a*) *Hiſt. nat.* lib. 35. cap. X.

On ignore quel eft ce Héros que repréfenta Timanthe, ouvrage parfait, & qui fit connaître que fon auteur n'avait point d'égal dans l'art de peindre les hommes (a).

Je me hâte d'arriver à ce fameux tableau du facrifice d'Iphigénie, auquel Timanthe doit fa grande célébrité : on fçait que cet Artifte épuifa toutes les nuances de la douleur, fur le vifage & dans les attitudes des perfonnages qui affiftaient à ce grand fpectacle, & que ne fçachant comment s'y prendre, pour peindre le défefpoir d'Agamemnon, il couvrit fa tête d'un voile, trait d'adreffe qu'il avait pris dans la tragédie d'Euripide, & qui a été copié une feconde fois de nos jours par le Pouffin, dans fa mort de Germanicus.

On a cru, pendant deux mille ans, que ce voile de Timanthe était un trait de génie, & on s'eft trompé deux mille

______

(a) Plin. *loco citato.*

ans sur cet article , comme sur bien d'autres : l'auteur de la Henriade , dont on peut opposer le goût à celui de ces deux mille ans , disait sur ce sujet : « c'est » un trait d'esprit , mais non un trait de » Peintre : un voile sur la tête d'un prin- » cipal personnage , fait un effet affreux » dans un tableau ; voyez le chef-d'œuvre » de Rubens , qui a sçu exprimer sur le » visage de Marie de Médicis la douleur » de l'enfantement , & la joie d'avoir un » fils , non avec les quatre couleurs de » Timanthe , mais avec toutes les teintes » de la nature ; il fallait , plutôt que de » voiler le visage d'Agamemnon , y » peindre le combat de la douleur d'un » père , de l'autorité d'un Monarque , » & du respect pour les Dieux ». —— On peut appeller de ce jugement de Voltaire , mais ce ne sera pas au tribunal des Eleves de Raphaël & de Michel-Ange.

On ne peut disconvenir , malgré toutes ces observations , que Timanthe n'eut beaucoup d'intelligence dans son art : le mot de Pline , *qu'il y avait toujours , dans ses compositions , plus de choses sous-entendues que d'exprimées* , suffit à son éloge , sans recourir à l'analyse de ses tableaux.

XEUXIS. —— Ce Peintre , un des Artistes Grecs qui a le plus étendu la carrière de l'art , naquit à Héraclée , dans la plus belle époque du siècle d'Alexandre ; Socrate venait de mourir , & Athènes confuse , ne se consolait que par la gloire qui rejaillissait sur elle , des chef-d'œuvres de ses Artistes , de la honte dont elle s'était couverte , en faisant périr le plus grand de ses Philosophes.

Xeuxis est moins connu par sa vie que par ses ouvrages. Ce Peintre célèbre aimait à dessiner sur le nud , pour se pénétrer des belles formes de la nature , & comme ses modèles étaient rarement sans défaut , il empruntait de chacun sa beauté particulière , pour former sur la toile un ensemble parfait : les habitans d'Agrigente , instruits de ses principes , lui permirent d'examiner leurs vierges, sans autre voile que celui de la pudeur; Xeuxis, après cet examen, en choisit cinq d'entre elles, qui lui servirent de modèles, dans un tableau fameux destiné à être consacré dans le Temple de Junon.

Xeuxis s'amusa quelquefois, à peindre sans modèle, ces êtres bizarres qui ne doivent leur existence qu'à l'imagination exaltée des Poëtes : telle est la fameuse Centaure femelle, dont nous devons la description au pinceau de Lucien. Les Peintres admiraient dans ce tableau, la hardiesse de la composition, la délicatesse des ombres, & sur-tout l'intelligence singulière avec laquelle on y avait fondu la nature de la femme avec celle de la cavale, de manière que le passage, de l'une à l'autre, était imperceptible ; ce chef-d'œuvre de l'art fut enlevé par Sylla, & périt dans un naufrage.

L'ouvrage de Xeuxis qui lui a fait le plus grand nom dans l'antiquité, est son tableau d'Hélène : Nicomaque, un de ſes rivaux, paſſait chaque jour une heure à conſidérer ce chef-d'œuvre. Un amateur ſans goût, voulut lui montrer quelques défauts dans la compoſition : *Prenez mes yeux*, dit-il au critique, *& vous verrez que cette Hélène eſt l'image la plus fidèle de la Divinité.*

Xeuxis, cependant, n'était pas à l'abri d'une critique judicieuſe ; il repréſentait la tête de ſes perſonnages trop groſſe, & croyait, comme Homère, qu'il n'y a point de beauté ſans embonpoint (*a*).

Ariſtote lui reproche auſſi de n'avoir point exprimé les mœurs dans ſes tableaux, & à cet égard, il met ce Peintre bien au-deſſous de Polygnote (*b*).

Les contemporains de Xeuxis avaient d'autant plus de droits de trouver des défauts à ce grand Artiſte, que ſes

______

(*a*) Cette remarque eſt de Quintilien, *Inſtit.* lib 12. cap. 28.

(*b*) Poëtic. cap. 6. parag. 7.

ſuccès en Peinture l'avaient enflé d'orgueil : c'eſt lui qui oſa mettre au bas de
ſon tableau de l'Athlète : *il eſt plus aiſé
d'envier Xeuxis, que de partager ſa gloire.*

L'idée qu'il avait de ſon talent, fut
porté au point que , ſur la fin de ſa vie ,
il faiſait préſent de ſes tableaux, ſous le
prétexte qu'aucun prix ne pouvait les
payer ; il lui était, au reſte , très-aiſé de
faire parade de cette faſtueuſe généro-
ſité , car il était devenu d'une opulence
qui pouvait faire ombrage aux Souverains. Il parut un jour aux Jeux Olym-
piques , avec une foule d'eſclaves qui
avaient tous le nom de leur maître
brodé en lettres d'or ſur leurs manteaux ;
les Grecs pardonnèrent aiſément à un
Peintre ce faſte , qui par ſa nature n'était
pas fait pour devenir contagieux.

Sa mort, s'il en faut croire Feſtus (*a*),
fut auſſi extraordinaire que ſa vie ; il

(*a*) Au reſte , cet Auteur cite pour ſon garant
Valerius Flaccus.

deſſinait le portrait d'une vieille, &
quand il l'eut terminé, il rit tant à ſon
aſpect, qu'il s'étouffa lui-même. —— On
ignore l'époque préciſe de la mort de
ce grand Artiſte; ſeulement on ſçait
qu'il fut le contemporain de Platon, &
qu'il put entendre, à la tribune aux harangues, les premiers chef-d'œuvres de
Démoſthène.

PARHASIUS. —— Il naquit à Ephèſe, &
fut le contemporain & le rival de Xeuxis:
il eſt le premier, au rapport de Pline,
qui obſerva les proportions du corps
humain, qui mit de la fineſſe dans les
traits de ſes figures, de la grace dans leur
ſouris, & de l'élégance dans leurs cheveux (a); ſi cela était, il reſterait bien
peu de mérite à ſes prédéceſſeurs; mais
il eſt plus probable que Pline s'eſt con-
tredit, qu'il ne l'eſt que l'antiquité s'eſt
trompée ſur les éloges des Xeuxis & des
Polygnote.

(a) *Hiſt. nat.* lib. 35. cap. 10.

Ce même Pline a rapporté bien des contes populaires fur Parhaſius, que la poſtérité a retenus, peut-être, parce que ce ſont des contes; tel eſt le fameux défi de ce Peintre à Xeuxis, ſur la prééminence de leurs tableaux; Xeuxis apporta au concours une grappe de raiſins, peinte avec tant de vérité, que des oiſeaux vinrent la becqueter; pour ſon rival, il ne peignit qu'un ſimple rideau: Xeuxis, fier d'un ſuffrage qu'il était loin d'attendre, demanda que ce rideau fut tiré, pour qu'on pût juger de l'ouvrage; l'erreur reconnue, il eut la franchiſe d'adjuger lui - même le prix à Parhaſius, diſant qu'il avait trompé un Artiſte, tandis que lui n'avait trompé que des oiſeaux.

Cependant, Parhaſius qui aimait mieux devoir ſa ſupériorité à ſon tableau qu'à un bon mot, peignit lui - même une grappe de raiſin, qu'il mit entre les mains d'un enfant; les oiſeaux, comme on s'en doute bien, ne manquèrent pas de venir la becqueter ; alors le Peintre se fâcha contre son tableau : « Si mon » enfant avait été bien fait, dit-il, les » oiseaux intimidés ne seraient pas venus » becqueter la grappe de raisin ».

Toutes ces historiettes ont été répétées au sujet des chefs - d'œuvres de Peinture moderne : on a dit que des hirondelles avaient voulu traverser le ciel d'un plafond du Cardinal de Richelieu ; qu'un âne avait tenté de brouter un chardon, peint par Lebrun, dans une de ses batailles d'Alexandre ; & que des abeilles avaient cherché à composer leur miel, avec des fleurs, d'un tableau de Van-Huysum ; ainsi on ne prouverait pas même, par le suffrage des bêtes, la supériorité des Anciens sur nous en Peinture.

Le chef-d'œuvre de Parhasius était, dit-on, le tableau d'Athènes ; il y rendit le caractère d'un peuple entier avec ce mélange singulier de douceur, & d'emportement ; de bravoure, & de mollesse ;

d'énergie, & de frivolité ; ce qui ne pouvait cependant s'exécuter que froidement, c'est-à-dire, à l'aide des emblêmes & des allégories.

Parhasius abusa de son pinceau & de son génie, pour représenter des objets ob cènes : ces Peintures, fruits d'une imagination dépravée, amusèrent long-tems le vieil Tibère, dans son Serrail de Caprée, & cette Messaline, qui prostitua, dix ans, aux porte-faix de Rome, le sein qui avait porté Britannicus.

Cet Artiste, qui connaissait son talent, dicta lui-même, à ses contemporains, le jugement qu'ils en devaient porter ; il déclara hautement, qu'il était le premier des Artistes de son tems, & à force de le répéter, il empêcha son siècle de le croire.

Le peu de succès même de ses tableaux ne servait qu'à donner une nouvelle activité à son orgueil ; il peignit, en concurrence avec Timanthe, la dispute d'Ajax & d'Ulysse pour les armes d'Achille , & le prix fut adjugé à ſon rival. —— « Je lui cède la victoire, dit » Parhaſius, c'eſt pour la ſeconde fois » qu'Ajax ſubit un outrage pour la » dépouille d'Achille ».

Quoique l'orgueil, porté à ſon comble, s'allie très-bien avec la férocité, j'ai cependant de la peine à croire, ſur la foi de Sénéque, que Parhaſius ait acheté un priſonnier , & l'ait fait expirer de ſang froid dans les tourmens, pour lui ſervir de modele , dans ſon Prométhée, attaché au Mont Caucaſe (a) ; on a fait revivre cette abominable hiſtoire au ſujet d'un Crucifix de Michel-Ange , & puiſque l'envie a calomnié le rival de Raphaël , elle peut auſſi avoir calomnié Parhaſius.

Il paraît que ce qui a diſtingué Parhaſius de tous les Peintres de ſon tems , eſt

____

(a) *Senec.* controverſ. V. 10. **Le** récit de Sénéque pourroit très-bien convenir à un Sculpteur , qui aurait porté le nom de Parhaſius.

l'art de terminer & d'arrondir fes objets, ou, pour parler le langage de la Peinture, le moëlleux des contours ; le Comte de Caylus, qui a écrit fur les arts en homme éclairé, le compare à cet égard au Corrège.

On ignore fi Parhafius fonda une école dans la Grèce ; mais il eft probable que l'envie, qui l'avait pourfuivi de fon vivant, fe tut, lorfqu'il ne refpira plus que par fes ouvrages. Plutarque prétend qu'il fut adoré, avec le Théfée, dont il avait fait le portrait (*a*), & certainement, fon génie feul put fournir un prétexte à cette apothéofe.

APELLE (*a*). —— Quand Raphaël donna aux Romains fes chef - d'œuvres, on crut flatter ce grand homme, en le nommant l'Apelle des modernes : aujourd'hui que l'art eft plus connu, &

(a) *In Vid. Thef.*

(*b*) *Plin.* hift. natur. lib. 35 ; cap. 10. *Solin. Polyh.* cap. 27. *Athen.* Deipnofoph. lib. 13.

que les beaux génies font mieux appréciés, nous croyons flatter Apelle, en le nommant le Raphaël des anciens ; oublions un inftant le créateur de l'école Romaine, & , s'il eft poffible , toutes les écoles de peinture , & jugeons le peintre d'Alexandre d'après lui-même ; car , puifqu'il n'exifte rien de lui que fon nom, il ne peut être comparé à perfonne.

Apelle , fans patrie , comme Homère , s'en créa une, par tout où les arts furent en honneur ; il eut auffi le bonheur d'être accueilli par des Souverains, qui tenaient en leurs mains la deftinée du monde : je dis le bonheur, car le talent ne donne pas toujours cette efpèce de célébrité , fans laquelle l'homme de génie ne fçaurait remplir toute l'étendue de fa carrière.

Apelle dut peut-être encore à fes écrits fa gloire prématurée : car il fit , fur fon art, des ouvrages admirés de fes contemporains, & il prépara ainfi, par

les chef-d'œuvres de fa plume, l'enthoufiafme que lui valurent les chef-
d'œuvres de fon pinceau.

Il paroît que ce grand Artifte s'exerça
dans tous les genres; il peignit à frefque
un temple de Pergame, & il fut à la
fois un Peintre de batailles & un Peintre
de portraits.

Quelquefois fon pinceau, fier & hardi,
rendit des fujets favorables. On parlait
beaucoup, dans l'antiquité, de fon
Alexandre, repréfenté fous la forme
d'un Jupiter, irrité contre les hommes:
c'eft fur-tout dans ce tableau qu'il avait
porté à fa perfection, le preftige du relief: car la main du héros était faillante,
& la foudre femblait fortir de la toile.

Au refte, ce qui a diftingué Apelle
de tous les Peintres de l'antiquité, c'eft
cette grace indéfiniffable que Pline caractérife fous le nom de *Venuftas*, & les
Italiens fous celui de *Morbidezza*, grace
qu'il fçavait répandre dans tous les fujets
agréables qu'il traitait, & dès qu'il con-

nut fon vrai talent, il ne traita que des
fujets agréables.

On ne voit point, par la lifte des tableaux que Pline & Paufanias nous ont
laiffé d'Apelle , que le génie de cet
Artifte ait jamais baiffé ; il avait une
excellente habitude , c'était de ne paffer
aucun jour fans s'exercer dans fon attelier ; ce qui tenait toujours dans une ten-
fion égale fon efprit & fa main.

Né avec une modeftie digne de fon
talent, il aimait à louer fes rivaux, lors
même que le public attestait fa fupériorité : il difait publiquement qu'Amphion le furpaffait par l'ordonnance de
fes tableaux¹, & Afclepiodore par la
juftesse du deffin : pour Protogène, le
feul Peintre de fon tems qui pût balancer fa gloire, il lui apprit à connaître fes
forces, & fut fon bienfaiteur fans être
fon tyran.

C'eft à la douceur d'Apelle & à
l'aménité de fon carectère, que l'Artifte
dut, fans doute, le privilège qu'il eut

d'être admis dans la familiarité d'A-
lexandre: ce Prince, dont il fut toujours
si dangereux d'être l'ami, descendait
souvent dans l'attelier d'Apelle, &
s'éclairait avec lui sur les finesses de son
art. On peut juger de son amitié pour
lui par le trait de Campaspe. Ce Prince,
qui aimait cette jeune Indienne, ordonna à son Peintre favori de la dessiner
toute nue ; l'Artiste sensible, ne put
voir de sang froid un pareil spectacle, &
Alexandre qui pressentit qu'il avait un
rival, eut la grandeur d'ame de lui céder
sa maîtresse.

Apelle peignit son bienfaiteur sous toutes les formes & avec tous les attributs
les plus faits pour désigner sa gloire. Le
tableau où il représenta le génie de la
guerre, les mains liées derrière le dos &
attachées à son char de triomphe, est
celui qui fait le plus d'honneur à son
génie : pour celui où il en fit un Jupiter
tonnant, c'est le crime d'un courtisan
adulateur, qu'il faut pardonner à l'en-

thousiasme de la reconnaissance.

Apelle pouvait, au reste, sans craindre de concurrens, transmettre à loisir les traits d'Alexandre à la postérité : car ce Prince avait défendu, par une ordonnance, à tout autre Artiste de le peindre ; il ne voulait point prostituer à des pinceaux vulgaires, la figure du vainqueur d'Arbelles & du conquérant de Babylone.

A la mort d'Alexandre, Apelle perdit plus que personne, parce que son intimité avec ce Monarque, avait irrité la jalousie de tous ses Capitaines. Ptolemée fut celui qui prit le plus d'ombrage de sa faveur ; aussi quand ce Prince commença à régner, tout le monde crut Apelle perdu : l'orage vint de la part d'un Artiste moderne, qui avait osé se croire son rival. Il l'accusa auprès du nouveau Roi, non d'avoir fait un mauvais tableau, mais d'avoir conspiré contre sa personne. Ptolemée allait faire trancher la tête à l'accusé, quand on découvrit son innocence : ce Prince alors oublia jusqu'au tort que l'Artiste avait eu de l'avoir supplanté dans la faveur d'Alexandre ; il le combla de bienfaits, & fit livrer entre ses mains son accusateur. Apelle se vengea de l'imposteur, non en homme de loi, mais en homme de génie : il peignit Midas sur son trône, environné du soupçon & de l'ignorance, la calomnie s'approche, tenant de la main gauche une torche allumée, & de l'autre traînant par les cheveux un jeune homme éploré, qui n'a que le ciel pour témoin de son innocence ; devant cette furie marche l'envie, au tein plombé, & aux yeux louches, accompagnée de la fraude & de l'artifice, qui parent la calomnie pour la rendre plus séduisante ; derrière paraît le remord, sous l'emblême d'une femme en deuil, vêtue d'une robe déchirée, qui semble appeller à grands cris la vérité (*a*) ; tel est ce

____

(*a*) Lucian, *de temerè non credendo calumniis*,

fameux tableau de la calomnie , chef-d'œuvre de compofition & d'ordonnance , qui tant que l'antiquité pût en jouir, dût placer fon auteur à la tête des Peintres, & qui lors même que l'ouvrage s'eſt perdu , a dû aſſurer à l'artiſte le titre d'Homère de la Peinture.

Apelle , après avoir peint les Souverains , tenta de peindre les Dieux, & il y réuſſit au point d'en faire excuſer le culte ridicule , même par des Philoſophes.

Apelle ne put deſſiner une intelligence céleſte , qu'en épuiſant dans fon imagination l'idée de ce beau idéal, qu'on ne voit qu'au travers d'un rideau, dans les ouvrages de la nature ; voilà peut-être l'unique point de contaĉt que le Peintre d'Alexandre peut avoir avec Raphaël , & c'eſt le feul qu'on a oublié, juſqu'ici , dans le parallèle de ces deux grands hommes.

___

Pline , qui parle de tant de petits tableaux d'Apelle , ne dit pas un mot de ce chef-d'œuvre.

Diane exerça d'abord le pinceau de notre Artiste ; il la peignit au milieu de ses Nymphes , & dans l'appareil d'un sacrifice ; le même évènement est décrit dans l'Iliade , mais s'il en faut croire les Anciens , la toile d'Apelle rendit mieux cette déesse que les vers d'Homère.

Le chef-d'œuvre du pinceau d'Apelle est sa Vénus sortant des eaux , dans cette attitude enchanteresse que suppose l'ignorance de ses charmes ; on la nommait Vénus Anadyomène : elle fut achetée par Auguste cent talens , plus de 540000 livres de notre monnaie ; la partie inférieure s'endommagea bientôt , par l'humidité de la galerie où on la déposa , & aucun Artiste n'eut la hardiesse de la retoucher ; cet enthousiasme superstitieux fit périr le tableau tout entier, sous le règne de Néron.

Toute l'antiquité a retenti de l'éloge de cette Venus : on connaît en particulier l'épigramme de l'Anthologie qui commence ainsi,

Voilà cette Vénus fortant du fein de l'onde,
Dont le pinceau d'Apelle embellit ce féjour ;
Voyez comme fes doigts , arrondis par l'amour,
　　Expriment de fa chevelure ,
　　L'onde qui lui donna le jour.

Une partie du corps admirable de cette Vénus était deffinée fur celui de la Maîtreffe de l'Artifte , car le beau idéal ne fuffit pas pour peindre un être qui exifte dans la nature ; il peut fournir quelques dialogues à Platon , & quelques vers à Homère , mais non l'ordonnance entière d'un tableau à un Peintre. Cette Maîtreffe d'Apelle , qui devint Vénus fous fon pinceau , était , fuivant les uns , la Courtifanne Phryné , & fuivant d'autres , cette beauté Indienne dont il dût les faveurs à la générofité d'Alexandre.

Apelle deffinait toutes fes figures d'après le nud , & ne regardait les draperies que comme l'acceffoire. Un Artifte étant venu lui montrer une Hélène mal peinte, mais richement vêtue : *fort bien, lui dit-il, tu l'as faite riche, ne pouvant la faire belle.* —— Ce grand homme mourut dans cette Grèce qu'il avait illuftrée par les chef-d'œuvres de fon pinceau. Les habitans de Pergame achetèrent des deniers publics un antique édifice décoré de fes tableaux, & y fufpendirent le corps de l'Artifte célèbre, dans un ré-feau de fils d'or. On alla long-tems vifiter ce monument, comme fi ç'eût été la Diane d'Ephèfe & le Temple de Jupiter Ammon.

PROTOGÈNE (*a*) —— Je crois continuer l'éloge d'Apelle, en faifant celui de Protogène ; cet Artifte reftait à Rhodes, inconnu, ayant la modeftie fimple & naïve des talens, faifant obfcurement des chef-d'œuvres, & ne fe doutant

______

(*a*) *Plin.* Hift. natur. lib. 35. cap. 10. *Strab.* Geograph. lib. 14. *Aul. Gell.* noct. Attic. lib. 15. cap. 3.

pas qu'ils le fuſſent , parce que perſonne ne les prônait comme des chefd'œuvres : Apelle vint , apprécia ſon pinceau , fit rougir les Grecs de leur indifférence , & commença lui-même la célébrité de ſon rival.

Une phraſe de Pline , ſur la première viſite d'Apelle à Protogène , a produit des volumes entiers de diſſertations de la part des gens de lettres ; tâchons de découvrir , dans le texte , la vérité qui s'échappe au travers des commentaires.

Apelle , en entrant dans Rhodes , ſe rendit d'abord à l'attelier de Protogène ; il était abſent ; une vieille femme lui demanda ſon nom : le voici , dit-il , & il traça ſur une toile qui ſe trouvait tendue ſur le chevalet , un trait plein de fineſſe & de netteté : Protogène , de retour , examine ce trait , & déclare qu'Apelle ſeul était capable de le terminer ainſi ; mais en même tems il prend un pinceau , & trace , avec une autre couleur , un trait plus fin encore : il recommande à la vieille de dire à l'étranger, quand il reviendrait, que la réponse est sur la même toile, & il ressort ; Apelle revient en effet, & honteux de se voir surpassé, il coupe les deux traits avec une troisième couleur, & ce dernier dessin se trouve le chef-d'œuvre de la liberté & de la délicatesse : Protogène alors s'avoue vaincu, & vole au port de Rhodes, chercher son Maître ; on conserva long-tems cette toile, quoiqu'elle ne contînt que des traits qui échappaient à la vue ; mais cet événement lui avait donné un prix que n'avait pas un des chef-d'œuvres de la Peinture : elle fut brûlée plusieurs siècles après, dans un incendie du Palais des Césars (*a*).

(*a*) Cette idée de dessiner de simples traits colorés, & de les couper ensuite par un autre, ne donne pas d'abord une grande idée du génie des deux Artistes ; aussi elle a fourni au Tassoni & à Perrant le sujet de quelques épigrammes ; cependant, si on entend par le *linea summæ te-*

Ce fut Apelle qui mit Protogène en réputation à Rhodes : ſes concitoyens le dédaignèrent , comme c'eſt l'ordinaire , par la ſeule raiſon qu'il était leur concitoyen : Apelle demanda à cet Artiſte quel était le prix qu'il mettait à ſes tableaux , & ſur ſon extrême modicité , il les fit monter tout de ſuite à cinquante talens ; en même tems il fit répandre le bruit qu'il les achetait pour les revendre , comme s'ils étaient ſon propre ouvrage ; les Rhodiens ouvrirent alors les yeux ſur le mérite de Protogène , & achetèrent ſes tableaux , au prix qu'on doit mettre aux ouvrages de génie.

Apelle ne ſe démentit point dans ſes

---

nuitatis per tabulam , le contour d'une figure , le problême eſt plus aiſé à réſoudre ; il eſt certain qu'il y a un art de deſſiner ces contours qui conſtitue la correction : tous les grands Maîtres ne les deſſinent pas de la même manière ; le deſſin coulant de l'Albane , n'eſt pas le deſſin hardi du Tintoret, ni le deſſin dur du Caravage.

procédés fublimes, lors même que la gloire de Protogène put lui donner de l'ombrage ; il continua à publier les talens de fon rival, & ne fe réferva de fupériorité fur lui, qu'en ce qu'il mettait beaucoup moins de tems à donner le dernier fini à fes ouvrages.

Protogène initié dans tous les myftères de fon art, ne voulait point qu'on facrifiât, dans un tableau, le fujet principal à l'acceffoire. Il y avait, dans fon *Satyre qui repofe*, une perdrix peinte avec tant de vérité, que des perdrix véritables l'appellaient par leur chant : Protogène voyant que le public admirait plus cet oifeau que le Satyre, prit fon pinceau & l'effaça ; il aurait dû, peut-être auffi, effacer le Satyre, car il était fûrement mal fait, puifqu'il ne faifait pas peur aux oifeaux.

Le chef-d'œuvre de Protogène eft fon fameux tableau de Jalyze, Fondateur de Rhodes, & petit-fils du Soleil, qui lui coûta fept ans de travail : pendant tout ce tems, il ne vécut que de légumes trempés dans l'eau, afin de conferver toute la finefle de fon imagination; auftérité bizarre, qui n'eft bonne ni à imiter, ni à croire.

Il y avait dans ce tableau un chien haletant, dont le hazard lui apprit à peindre l'écume: défefpéré de ne pouvoir rendre cet effet de la fatigue animale, après avoir plufieurs fois effacé fon trait, & changé de pinceau, il jetta de dépit fon éponge, pleine de couleur, fur la toile, & le hazard fit ce que le talent n'avait pu faire.

Nous avons vu, dans l'hiftoire du fiège de Rhodes, une preuve éclatante de l'eftime que les affiégeans & les affiégés faifaient également du grand talent de Protogène (a); cet Artifte célèbre s'éteignit dans une vieilleffe heureufe, dont l'époque ne peut être fixée par la chronologie.

_____

(a) *Hift. de la Grèce*, tom. 2. pag. 117.

ARISTIDE (*a*). — Ce Peintre, con-temporain d'Apelle & de Protogène, mérite ici une place diftinguée, parce qu'on le croit inventeur de la Peinture encauftique. Il naquit à Thèbes, & l'air épais de la Béotie ne fit point de tort à fa brillante imagination : Pline prétend qu'il fut le premier qui mit de l'expref-fion dans fes tableaux ; on ne peut s'empêcher, en effet, d'être ému à la defcription de celui où cet Artifte a repréfenté, dans le fac d'une ville, un enfant fe traînant à la mamelle de fa mère, qui expire, & qui tremble que fon fils ne fuce du fang, au lieu de lait : Alexandre jugea ce tableau digne de lui, & à la prife de Thèbes, il le fit tranfporter dans fa Capitale.

On peut juger de la célébrité d'Arif-tide, par le prix qu'on mettait à fes tableaux : il vendit à un Mnafon, tyran d'Elatée, fon grand tableau de la bataille

----

(*a*) *Plin.* Hift. natur. lib. 35. cap. XI.

des Grecs contre les Perfes , environ 70000 livres de notre monnaie ; on lui avait promis 700 livres par figures , & l'Artifte y deffina cent perfonnages.

Le chef - d'œuvre d'Ariftide était un Bacchus, fi célèbre dans la Grèce, qu'on difait en proverbe , *cela eft beau comme le Bacchus ;* à la prife de Corinthe , Attale voulut l'acheter , & offrit au vainqueur une fomme immenfe ; Mummius, qui était ignorant dans les arts, comme prefque tous les Conquérans , foupçonna une vertu fecrette dans ce tableau , & le porta à Rome, pour être placé à côté d'un autre talifman , qu'on appellait le Palladium.

Attale fut plus heureux dans l'achat d'un autre tableau d'Ariftide , qui exprimait une paffion languiffante ; il en offrit le même prix qu'Augufte donna dans la fuite de la Vénus d'Apelle , & l'obtint, parce qu'on n'y foupçonna point de fortilège.

Le dernier ouvrage d'Ariftide fut une

Iris, qu'il laiſſa imparfaite, & qui n'en fut pas moins admirée ; on aimait à deviner par quelques traits fugitifs la penſée de l'Artiſte, & on regrettait naturellement la main qui s'était glacée, dans le moment où elle produiſait ſon chef-d'œuvre.

Quand à ſa découverte de la Peinture encauſtique, Pline n'en dit qu'un mot en paſſant ; cet art de colorier la cire & de l'employer comme les couleurs de la Peinture à l'huile, a été long-tems un ſecret, & c'eſt la faute de l'Hiſtorien de la nature, qui oubliait, à chaque page de ſon Encyclopédie, qu'il travaillait pour la poſtérité.

DE LA SCULPTURE

DANS LE BEAU SIECLE

DE LA GRECE.

LA filiation des idées des Sculpteurs Grecs a été indiquée dans l'hiſtoire de la Peinture.

Cette hiſtoire de la Peinture a été traitée avec étendue, parce que les ouvrages des Grecs, en ce genre, ne ſubſiſtent plus; nous avons été obligés de nous traîner péniblement de conjectures en conjectures, pour concilier la mauvaiſe théorie de l'art que nous a laiſſé l'antiquité, avec ſon enthouſiaſme pour les Artiſtes; mais nos vues ſur la Sculpture ne ſçauraient être trop rapides, parce que pluſieurs des beaux monumens du ſiècle d'Alexandre s'étant conſervés, le génie qui y étincelle de

toutes parts , indique bien mieux que
de vains traités , la marche de l'esprit
humain. A cet égard , l'histoire de
la Sculpture Grecque ne doit être ,
pour l'homme de goût , que la vie des
Artistes , & la vue de leurs chef-
d'œuvres.

La Sculpture Grecque , en se propo-
sant l'imitation des surfaces des corps
animés , ne songea d'abord qu'à atteindre
leur ressemblance , & elle y réussit , à
cause des belles formes que la nature
prodiguait sous le beau ciel du Péloponèse , & de la facilité qu'elle avait à les
voir sans voile , dans les grands spectacles
nationaux , & dans les Gymnases.

Mais la ressemblance n'est qu'une
beauté froide , sur-tout dans la Sculpture , qui n'a point le prestige des couleurs , pour mettre une sorte d'intérêt
dans cette vérité d'imitation : alors on
imagina de saisir la nature , dans le tems
qu'elle était animée ; d'exprimer sur le
marbre , ou sur le bronze , les passions

qui nous maîtrisent ; & ce pas, qu'on fit
faire à l'art, fut vraiment un pas de
génie ; ce talent admirable de vivifier,
comme Prométhée, un bloc informe,
qui attend son ame du ciseau qui l'orga-
nise, caractérise sur-tout les Artistes du
siècle d'Alexandre. Il n'est point d'acteur
sur la scène, qui parle au cœur plus élo-
quemment que le Gladiateur mourant,
ou le grouppe de Laocoon.

Les Grecs atteignirent enfin au sublime de l'art, en composant leurs
ouvrages de ce beau naturel que pré-
sentent les formes heureuses du corps
humain dans son adolescence, & de ce
beau idéal que le génie pressent dans
les êtres supérieurs qu'il divinise. L'A-
pollon du Belvedère est, en ce genre,
le chef-d'œuvre de l'esprit humain, &
n'a été imité que de loin, dans le fameux
Moyse de Michel Ange.

Un des grands moyens des Grecs
pour atteindre les dernières limites de
la perfection, est la noble simplicité qui

règne dans l'ordonnance de leurs chef-d'œuvres ; point de ces contraſtes trop recherchés qui fatiguent l'œil plus qu'ils ne l'étonnent ; ils ſçavent opérer de grands effets avec de petits reſſorts , & ils amènent doucement à l'enthouſiaſme, plutôt qu'ils ne le commandent.

L'unité d'action & d'intérêt qu'on apperçoit dans leurs grouppes , & juſques dans les ornemens acceſſoires des bas-reliefs, annonce ce goût épuré qui reſpire dans tous les bons ouvrages de la littérature Grecque , dans l'Iliade d'Homère , dans les Idylles de Théocrite , & ſur - tout dans les Tragédies d'Euripide.

Aucun Sculpteur n'a repréſenté le nud avec autant de vérité que les Artiſtes Grecs ; il n'y a point de paſſage inſenſible dans les formes, point de détails dans le jeu de muſcles, oſerai-je le dire , point de nuances dans la carnation, qui ne ſe faſſe preſſentir dans leurs belles ſtatues. L'Apollon , le Gladiateur, la Vénus, font à cet égard de vrais traités d'anatomie.

L'étonnante variété des chef-d'œuvres qui nous reſtent de l'art Grec, annonce encore la flexibilité du génie qui les a créés ; quel rapport y a-t-il entre l'embonpoint voluptueux de la Vénus fortant du fein des eaux, & les charmes fveltes de la Vénus de Médicis ? la force du Gladiateur n'eſt point celle de l'Hercule Farnèfe ; les graces de l'adolefcence, qu'on admire dans l'Antinoüs, femblent tenir à une autre nature que celles qui raviſſent dans l'Apollon du Belvedère ; & celles-ci n'ont prefqu'aucun point de réunion avec les graces de l'Hermaphrodite.

Quand les Sculpteurs Grecs ont été obligés de draper leurs figures, ils l'ont fait, en général, avec un goût rare, perfuadés que la nature n'eſt vraiment belle, que lorfqu'elle fe montre fans ornemens étrangers ; ils ont fait preſſentir le nud qu'on leur demandait voilé, en employant les étoffes les plus tranſparentes, & par cette adreſſe ingénieuſe, ils ont ſatisfait le caprice qui les payait, ſans ceſſer d'obéir à l'impulſion de leur génie.

La gloire des Artiſtes de la Grèce eſt d'autant plus grande, qu'ils ont eu plus de difficultés à vaincre. Qu'on ſonge que la plupart des Coloſſes, que les grands grouppes, tels que celui de Laocoon, étaient d'un ſeul morceau : il était impoſſible que dans un bloc énorme qui reſſemblait à une carrière, il ne ſe trouvât des fragmens hétérogènes, des veines colorées, qui pouvaient nuire à l'ordonnance générale de l'ouvrage ; mais le ciſeau de l'Artiſte tirait parti de ces déſavantages mêmes, pour en faire éclore des beautés qu'il n'avait point fait entrer dans ſon plan primitif. Tout rebelle qu'eſt le marbre dans des mains vulgaires, il ſemblait obéir, quand l'homme qui lui commandait était un Praxitèle, ou un Phidias.

Enfin l'admiration des fiècles doit être à fon comble, quand on fçaura que ces Grecs, contemporains de Périclès & d'Alexandre, en créant l'art, femblent lui avoir fait atteindre, en tous les genres, fes dernières limites: l'argile, le marbre, l'airain & l'yvoire, ont refpiré à la fois fous leur cifeau; ils ont réuffi dans les Coloffes & dans les mignatures, dans les grandes compofitions & dans les figures ifolées des bas-reliefs, & comme le monde des intelligences pures ne fut pas moins acceffible à leur génie, que le globe qu'ils habitaient, fi le taɛt de l'homme fuffit pour fentir tout ce qu'ils valent, la langue manque peut-être de termes pour l'exprimer.

DES GRANDS SCULPTEURS

DE L'ECOLE GRECQUE (*a*).

B ATHYCLÈS. — Cet Artifte, antérieur fans doute aux Sculpteurs de l'âge de Périclès, n'eft connu que par fon trône d'Amyclée, monument célèbre dans l'antiquité, qui avait immortalifé le nom de fon auteur. Paufanias l'avait vu, & l'admiration avec laquelle il en parle, prouve que cet ouvrage, dirai-je de génie, dirai-je de patience, pouvait être cité avec diftinction, avant qu'on poffédât les chef-d'œuvres des Lyfippe & des Phidias.

Le trône d'Amyclée était foutenu en face par les Graces, & derrière par les Heures. L'Artifte avait fculpté en bas

______

(*a*) *Paufanias*, lib. 3. cap. 18. *Plin.* Hift. nat. lib. 34 & 36.

reliefs toute la décoration extérieure : on y voyait, entre autres, Neptune & Jupiter, enlevant Alcyone & Taygète, fa fœur, fille d'Atlas ; les travaux d'Hercule ; le combat de Théfée contre le Minotaure ; la défaite de Médufe, par Perfée ; le rapt de Céphale ; les exploits d'Achille, & l'apothéofe de Bacchus ; l'intérieur était d'un travail non moins varié, Bathyclès y avait fculpté le refte de l'antique Mythologie.

Le trône même était occupé par la ftatue coloffale du Dieu, qui avait au moins trente coudées de hauteur ; elle était d'un goût ruftique ; car, à la réferve du vifage & des mains, elle reffemblait à une colonne ; auffi cette production de l'enfance de l'art, n'était point l'ouvrage de Bathyclès ; il s'était contenté de faire les bas reliefs de fa bafe. Cette bafe, conftruite en forme d'autel, renfermait, dit-on, le tombeau d'Hyacinthe ; auffi l'Artifte y avait-il repréfenté, avec plufieurs autres aventures mythologiques, le meurtre involontaire de ce Héros, & son apothéose.

Ce trône d'Amyclée renfermait une Théogonie toute entière, & à certains égards, sa description pourrait suppléer à la perte des Métamorphoses.

PHIDIAS (a). —— Il était contemporain de Périclès, & fleurissait vers l'an 1134 de l'Ere de Paros, qui répond à la première de la quatre-vingt-troisième Olympiade. On nous l'annonce comme prodigieusement instruit, pour un homme qui ne semblait destiné qu'à manier le marbre & le bronze, & ses premiers essais l'annoncèrent; on l'avait chargé, en concurrence avec Alcamène, de faire une Minerve, dont le piédestal devait être une colonne prodigieusement élévée. Les deux statues terminées, on les

____

(a) *Plin.* lib. 34. cap. 8. & lib. 36. cap. 5. *Cie,* in orat. cap. 9. *Plutarch.* in Pericl. *Paufan.* lib. 6. Ces écrivains seront nos guides pour les autres Sculpteurs, dont nous avons à écrire l'histoire.

expofa au lieu du concours. Celle d'Alcamène avait un fini fingulier dans le
travail, & elle enleva d'abord tous les
fuffrages : pour la Minerve de Phidias,
fa bouche large & béante, fes narines
qui femblaient fe retirer, la rudeffe fauvage de fa phyfionomie, tout aux yeux
d'un vulgaire ignorant, l'empêchait de
foutenir le parallèle : *Ne prononcez pas*,
s'écria le grand Artifte, *nos ftatues ne
font pas à leur place*; on éleva alors
tour à tour les deux Minerves fur la
colonne ; toutes les beautés fugitives
de la première difparurent à cet éloi-
gnement, & l'autre mife fous fon vrai
point de vue, reprit toute fa majefté·
Cette lutte, où Phidias avait eu à combattre à la fois, l'ignorance de fon rival,
& celle de fes Juges, tourna à fa gloire ;
fa ftatue fut adoptée, & on renvoya
Alcamène humilié, étudier l'Optique,
& les règles de la perfpective.

Dès qu'une fois le génie de Phidias
fut connu, toutes les villes de la Grèce

s'empressèrent à décorer leurs Temples
des ouvrages de son ciseau ; il travailla
avec une fécondité singulière, &, ce qui
est rare, il ne fut jamais au-dessous de sa
renommée ; il vivifia, tour-à-tour, l'argile, le marbre, le bronze & l'yvoire ;
on lui doit, d'avoir imaginé le premier,
cette union admirable du beau idéal avec
le beau de la nature, quand il sculpta
des Dieux ou des Héros. dont il fallait
faire excuser à la raison l'apothéose.

Périclès, qui était à cette époque Souverain dans Athènes, connaissant le goût
éclairé de Phidias, le nomma surinten-
dant des édifices de la République : ce
choix fit la gloire de l'Artiste, & ses
malheurs ; Phidias avait placé, dans le
Parthénon, une Minerve colossale, d'un
peu plus de trente-six pieds de hauteur ;
l'ouvrage était d'yvoire, avec des ornemens d'or & de bronze, mélange bisarre,
mais dont, à force de talens, le Sculpteur avait pallié la bisarrerie. Quand
la statue fut posée, on accusa Phidias

d'avoir détourné, à son profit, une partie de l'or qui devait entrer dans sa construction, & il fut obligé de démonter la Minerve, pour confondre la calomnie. Nous avons parlé en détail de cette cause mémorable, au commencement de la guerre du Péloponèse (*a*).

Il semblait que Phidias, vainqueur de rivaux faibles & jaloux, devait respirer en paix dans le sein de cette Athènes, qu'il avait embellie de tant de chef-d'œuvres ; mais, comme nous avons déjà eu occasion de l'observer, le peuple des démocraties craint presqu'autant le génie qui l'éclaire, que le génie qui le gouverne. On fit un crime à l'Artiste de s'être représenté lui-même, avec Périclès, au milieu de l'égide de sa Minerve, & on punit l'auteur de ce prétendu sacrilège, avec toute la rigueur des loix Sacerdotales ; il fut traîné dans un cachot, & une tradition veut qu'il y ait

____

(*a*) *Histoire de la Grèce*, tom. **V.** pag. 308.

été empoisonné, ou du moins, que le chagrin ait avancé sa carrière.

Heureusement, pour la mémoire des hommes d'Etat, contemporains de Périclès, la mort de Phidias, à l'époque fixée par cette tradition, ne peut se concilier avec la chronologie ; car on le voit, plusieurs années après, jouer un rôle dans l'Elide, & y faire son Jupiter Olympien, qui a passé pour une des sept merveilles du monde.

Le Jupiter Olympien, était une statue de soixante pieds de hauteur, de la même matière que la Minerve du Parthénon, tenant d'une main un sceptre surmonté d'un aigle, & de l'autre une victoire : l'Artiste avait représenté le Dieu, assis sur un trône tout brillant d'or & de pierreries, & s'était plu à décorer la base, sur laquelle portait toute la masse, des plus précieux bas reliefs. Il nous est difficile d'asseoir un jugement sur ce Jupiter Olympien, parce que, Pausanias qui admire tout ce qu'il voit, en parle, comme Ovide, du Palais du Soleil; mais on ne peut douter, qu'à certains égards, il ne fût digne de sa renommée. Le siècle de goût où il a été fait, la célébrité de son auteur, & le suffrage de la saine antiquité, sont à cet égard les garans de notre enthousiasme.

EUPHRANOR. —— On ignore à quelle époque vivait cet Artiste, qu'on ne connaît que par ce que dit Pline, des chef-d'œuvres de son ciseau; il y avait beaucoup de statues sous son nom dans la Rome des Césars, au Temple de la Concorde & au pied du Capitole : il personnifia la Grèce & la vertu, dont il fit des Colosses; ses chars à deux chevaux & les quadriges avaient une grande célébrité. L'homme de goût vantait surtout son Pâris, donnant la pomme d'or; il y avait, dit-on, tant de génie dans l'expression de sa physionomie, qu'on y reconnaissait à la fois le meurtrier d'Achille, l'amant d'Hélène, & le Juge des trois Déesses, prodige qui, s'il a exifté, n'a pu être rendu vraifemblable que par le fameux tableau de Rubens fur l'accouchement de Marie de Médicis.

Le Pâris que nous avons donné ailleurs (1), quoique d'un bon Artifte Grec, pour l'enfemble de la compofition, ne peut être celui d'Euphranor; car fa tête, loin d'avoir trois expreffions différentes, à peine en a une feule; ce monument, au refte, a quelque prix dans une hiftoire de la Grèce, à caufe de la fidélité avec laquelle l'Artifte y a rendu le coftume des Princes Phrygiens.

TELÉPHANE. — Cet Artifte, né à Phocée, remplit de fes ouvrages les Temples de la Theffalie : on le comparait, pour le génie & pour la facilité, avec Polyclète, avec Myron, & avec Phidias; mais il ne jouit pas de toute fa célébrité, parce qu'il fit fervir ordi-

---

(a) Voyez *Hift. de la Grèce*, tom. II. pag. 235.

nairement fon cifeau au luxe des Xerxès & des Darius : les vainqueurs de Marathon & des Thermopyles s'indignèrent qu'un Grec travaillât pour les Defpotes qui avaient voulu leur ravir leur patrie, & ne pouvant anéantir fes ouvrages, ils rayèrent fon nom de la lifte de ceux qu'ils confacraient à l'immortalité.

LEOCHARÈS. —— Il fe mit tout d'un coup de niveau avec les plus grands Maîtres, par fon Jupiter tonnant, *ftatue fupérieure à tout*, dit Pline, qui, au refte, prodigue dans tous fes éloges ce mot de fupériorité. Peut-être qu'un homme de l'art aurait trouvé fupérieur au Jupiter tonnant de Leocharès, fon Aigle qui enlève Ganymède. On voyait, dit l'hiftoire, cet oifeau fentant le mérite du poids dont il eft chargé, & la grandeur du Dieu auquel il le porte, craindre de bleffer avec fes ferres l'adolefcent à demi-nud, avec lequel il fe perd dans les nuages ; il fallait, au refte, que cette compofition charmante fût bien faite, pour frapper dans tous les siècles de lumières , puisque le Titien , un des rivaux du Correge & de Raphael, l'a copiée (mais comme l'homme de génie en copie un autre) dans un de ses meilleurs tableaux (*a*).

On ne sçait rien de la vie de Leocharès : son Aigle , ravisseur de Ganymède, s'est perdu de bonne heure ; pour le Jupiter tonnant , Rome le montra long-tems , avec admiration , aux étrangers , dans un temple du Capitole.

POLYCLÈTE. —— Cet Artiste , de Sicyone , fleurissait vers l'an 1150 de l'Ere de Paros , qui répond à la première année de la quatre-vingt-septième Olympiade. Il eut pour maître Ageladès, qu'il effaça , & pour élève , Myron , qui devint son égal : les deux enfans nuds , & jouant aux osselets , qu'on vit long-tems

______

(*a*) Voyez la gravure de ce beau tableau de Titien , fait d'après le morceau de Leocharès , à la page 83 du tome 2 de cet ouvrage.

à Rome , dans le Palais de Titus , paſ-
faient , au gré de Pline , pour des
ouvrages *ſupérieurs* en ſculpture. Son
Diadumène ou Adoleſcent , ceint d'un
diadême , réunit au mérite de le couvrir
de gloire , celui de l'enrichir à jamais ;
on prétend que cette ſtatue fut vendue
cent talens , plus de cinq cens quarante
mille livres de notre monnaie ; elle paſſa
ſans doute à Rome , car il n'y avait
guères que les vainqueurs du monde en
état de l'acheter.

Les Artiſtes mettaient au-deſſus de ce
Diadumène , une autre ſtatue du même
Polyclète , ſi parfaite pour le génie de
la compoſition , & pour le fini des détails , qu'on l'appella *la règle* , expreſſion
de l'enthouſiaſme , qu'il ne faudrait
cependant pas prendre à la lettre ; car
il eſt évident qu'une ſtatue , toute admirable qu'elle eſt , ne peut ſervir de modèle
que pour les perſonnages qui ont le
caractère de ſa phyſionomie ; aſſurément l'Apollon du Belvédère n'aurait

pas servi de règle à l'homme de génie qui fit l'Hermaphrodite, ou le grouppe de Laocoon.

Polyclète méritait peut-être d'être Législateur dans son art, car il s'était toujours montré supérieur à ses contemporains. Le peuple de Sicyone lui avait un jour commandé une statue, & comme son attelier était ouvert pour ses juges, il écoutait avec une feinte reconnaissance tous les avis du demi-sçavoir, qui protège le talent : il retouchait à chaque instant son marbre, & rectifiait les prétendus défauts qu'on osait y remarquer. Tout le monde applaudissait à sa modestie, mais dans l'intervalle de ce travail, l'Artiste avait fait en secret, & sur le même plan, une autre statue, où il avait donné l'essor à son génie. Toutes les deux furent exposées le même jour sous les yeux du peuple ; il n'y eut qu'une voix pour condamner la première & pour admirer l'autre : *Eh bien,* dit Polyclète, *ce que vous condamnez est*

votre ouvrage, & ce que vous admirez eft
le mien.

Parmi les éloges que Pline prodigue
à Polyclète, il en eft un qu'on trouve
fingulier, quand on n'eft pas un peu
initié dans les procédés de la Sculpture :
ce grand homme, dit-il, fut le premier
qui imagina de faire porter les ftatues
fur une feule jambe ; le Comte de Caylus, qui a tant mérité des Arts & des
Lettres, a fort bien expliqué ce texte
de l'Hiftorien de la nature ; quand Polyclète a voulu ainfi donner cette attitude aërienne à fes perfonnages, il n'a
pu le faire que dans des ftatues de
bronze, où l'armature fuffit pour qu'el_
les pofent fur un point, avec quelque
folidité ; l'exécution en ferait impoffible
dans des ouvrages de marbre, ou de
toute autre matière, dont on ne pourrait augmenter à fon gré, ou diminuer
le poids. Voyez le beau grouppe d'Hip-
pomène & d'Atalante, grouppe fi
fvelte, malgré l'embonpoint des perfon-

nages. L'héroïne, il est vrai, ne pose que sur un pied, mais elle a un tronc d'arbre pour appui ; c'est ainsi qu'il faut modifier l'éloge de Pline, pour le rendre digne & de lui, & de Polyclète.

MYRON. —— Cet élève de Polyclète, était né à Eleutherie, & avait le droit de bourgeoisie dans Athènes. On voyait à Rome, dans le Palais de Pompée, son Hercule, qu'il faut bien se garder de confondre avec l'Hercule Farnèse : son Apollon, qui était encore moins celui du Belvédère, fut enlevé d'Ephèse par Marc-Antoine ; mais Auguste, sur la foi d'un songe, le rendit à ses Maîtres ; du moins, c'est ainsi que s'exprime Pline l'ancien, qui est de tems en tems aussi crédule, que s'il n'avait pas écrit sur les arts en Philosophe.

Myron excellait dans les petits ouvrages qui ne demandent que le fini de la patience : on parlait beaucoup, en ce genre, du monument qu'il avait élevé à une cigale & à une sauterelle ; mais ce badinage ingénieux de Sculpture, n'était rien en comparaison de la ſtatue de Théodore de Samos, exécutée par l'Artiſte lui-même ; on peut juger de la prodigieuſe fineſſe de cet ouvrage, par le char à quatre chevaux, couvert de l'aîle d'une mouche, que le Héros tenait dans ſa main.

C'eſt à ſa géniſſe, ſtatue faite dans les belles proportions de la nature, que Myron doit ſa grande célébrité : cette géniſſe, à qui on pouvait dire, *pourquoi ne marche - tu pas ?* comme Pline de Cortone le diſait du cheval de Marc-Aurèle, a été louée, avec emphaſe, dans pluſieurs épigrammes de l'Anthologie.

LYSIPPE. —— Cet Artiſte, de Sicyone, était le contemporain & le favori d'Alexandre ; il travailla d'abord, comme ouvrier ſubalterne, dans la fabrique de l'airain ; mais un Peintre, qui l'entendit raiſonner avec goût ſur les arts, lui conſeilla d'entrer dans la carrière des Polyclète & des Phidias ; & comme dans ſes

premiers essais, le jeune Sculpteur cherchait, en tâtonnant, de quel grand
maître il adopterait la manière : *mon ami,*
lui dit le même Peintre, le plus éclairé
des Mecènes, *ce ne sont point des Artistes
qu'il faut prendre pour modèle, c'est la
nature.*

Lysippe fut le plus fécond des Sculpteurs de la Grèce ; Pline compte six cens
dix pièces sorties de son attelier (*a*),
dont chacune suffisait, dit-il, pour lui
donner de la célébrité. On sent bien que
l'exécution de six cens dix statues en
marbre, & de grandeur naturelle, serait
impossible à un Artiste, quand il vivrait
la longue vie d'Epimenide ; il faut croire
que Lysippe fit un grand nombre de petits
ouvrages, & qu'il les exécuta en fonte :
comme l'Artiste n'a besoin alors que de
composer les modèles en cire, ou en
argile, grace à la multitude de bras

____

(*a*) On lit dans le Pline paradoxal du P. Har-
douin, quinze cens.

ſubalternes qu'il employe, pour le moule, pour la fonte, & pour la retouche, il n'eſt pas étonnant que de pareils monumens ſe multiplient.

Lyſippe perfectionna ſon art, par la façon légère avec laquelle il exprima les ondes de la chevelure, & par l'air ſvelte qu'il donna à ſes figures; le beau idéal ne lui était point inconnu; il diſait: *les Artiſtes qui m'ont précédé, ont rendu les hommes tels qu'ils étaient; moi, je les rends tels qu'ils doivent étre.*

Les ouvrages qui mirent Lyſippe dans la première claſſe des Sculpteurs, furent ſes ſtatues d'Alexandre; on ſçait que le Héros, qui ſe connaiſſait en goût, plutôt qu'en gloire, ne permit qu'au pinceau d'Apelle, & au ciſeau de Lyſippe, de faire paſſer ſes traits à la poſtérité. Les meilleurs morceaux de ce genre, qu'exécuta Lyſippe, furent tranſportés à Rome par Metellus, après la conquête de la Macédoine. Néron acquit le chef-d'œuvre de ces Alexandres, & comme il n'était que de bronze, le tyran crut en relever l'éclat, en le faisant dorer. Le fini du travail disparut alors, sous cet ornement étranger ; il fallut enlever la dorure, &, malgré les vestiges de la double opération, elle recouvra, aux yeux des gens de l'art, une partie de sa beauté primitive.

Le plus extraordinaire des ouvrages de Lysippe, je ne dis pas le plus beau, fut son Jupiter colossal, destiné pour une Place publique de Tarente ; il avait un peu plus de cinquante-six pieds de hauteur, & telle était la justesse de son équilibre, que la main d'un homme suffisait pour le faire mouvoir. Pline, sans doute, entend par-là qu'on pouvait sans peine, présenter le Colosse sous tous ses points de vues ; car, pour le faire marcher, il aurait fallu une machine d'Archimède.

PRAXITÈLE. — Cet homme de génie fleurissait vers l'an 1218 de l'Ére de Paros, qui répond à la première année de la cent quatrième Olympiade. Il fut le Sculpteur des Graces, comme Anacréon en était le Poëte : d'abord il méconnut son talent, & remplit la Grèce de statues qui ne demandaient que de la vigueur ; tels étaient son Satyre, son grouppe d'Harmodius & Aristogiton, les libérateurs d'Athènes, & son enlèvement de Proserpine.

Praxitèle avait une foule de rivaux dans ce grand genre ; il aima mieux en adopter un moins brillant, mais où personne ne put lui disputer la première place, & il consacra son ciseau à rendre la Beauté & l'Amour.

On citait de Praxitèle, avec enthousiasme, sa Grecque qui entrelasse des couronnes, & sa Courtisanne, qui sourit. Cette dernière était la fameuse Phryné, maîtresse du Sculpteur ; on trouvait, dit Pline, dans l'expression de sa beauté, l'amour dont Praxitèle était enyvré ; & dans son souris, sa récompense.

Phryné était la célèbre Courtisanne qui avait offert de rebâtir Thèbes à ses frais, à condition qu'on mettrait sur une des portes de la Ville : *Alexandre m'a renversée, & Phryné m'a rebâtie.* Elle aimait Praxitèle, non parce qu'il était un bel homme, mais parce qu'il était Praxitèle. Cet Artiste lui avait permis de choisir, parmi ses ouvrages, le morceau qui lui paraîtrait le plus achevé, mais il ne lui avait point dit son secret : la Courtisanne, pour le lui arracher, feignit que le feu était dans son attelier ; alors Praxitèle s'écria : *sauvez mon Cupidon & mon Satyre.*

Phryné choisit le Cupidon, & amie éclairée des arts, elle plaça ce monument, non dans son boudoir, mais dans un Temple de sa patrie.

Ce Cupidon de Phryné, fut consumé à Rome dans un incendie, quelque tems avant le voyage fait en Grèce par Pausanias ; & quand on a dit qu'on l'avait retrouvé quatorze cens ans après dans

Mantoue , on n'a fait que répéter un conte fait au Préſident de Thou , qui a paſſé dans les ouvrages du ſage Rollin , pour reparaître , ſous une nouvelle forme , dans l'Encyclopédie.

Praxitèle mit le comble à ſa gloire , par ſes deux Vénus ; l'une était nue , & l'autre drapée : les Inſulaires de Cos , à qui l'Artiſte en donna le choix , préférèrent la dernière , comme la plus décente ; & la ville de Gnide , moins ſcrupuleuſe , prit l'autre , pour en faire l'ornement du premier de ſes Temples : il fallait que cette Vénus , ſans voile , fût le type même de la volupté , puiſqu'à en croire Pline & Lucien , un Grec , d'une imagination exaltée , en devint amoureux , & qu'ayant trouvé le moyen de s'introduire la nuit auprès d'elle , il réaliſa , autant qu'il était en lui , la fable abſurde de Pigmalion.

Ce conte de l'antiquité , a été répété dans nos tems modernes : on place la ſcène dans la Baſilique de Saint-Pierre de Rome, & on prétend que la Vénus qui amena ce crime étrange, était une figure à demi nue, du tombeau de Paul III, fculptée par un élève de Michel-Ange.

Un Nicomède, Roi de Bythinie, offrit aux habitans de Gnide, de payer toutes leurs dettes, s'ils voulaient lui céder la Vénus fans voile de Praxitèle ; & ils aimèrent mieux refter pauvres, que de fe défaire d'un monument de génie, fans lequel leur Ville était dévouée à une éternelle obfcurité.

CÉPHISODORE. —— Il était fils de Praxitèle, & l'héritier de fon génie : on poffédait de lui, à Rome, un grand nombre d'ouvrages eftimés, tels qu'une Latone, dans un Temple du Mont Palatin; une Vénus, dans le Palais de Pollion; & une Diane, avec une Efculape, dans le portique d'Octavie. Toutes ces ftatues étaient effacées par un grouppe, qu'il avait envoyé à Pergame, ouvrage excellent, dit Pline, & où les doigts des figures étaient exprimés plutôt fur de la chair que fur du marbre. Le fçavant Hiftorien des arts ne parle pas du chef-d'œuvre de Cephifodore, de fon grouppe des Lutteurs, qui fubfifte encore dans Rome, & qu'on voit gravé dans le chapitre de *la Lutte & du Pugilat* de notre hiftoire de la Grèce (*a*). Il oublie auffi de nous donner le plus léger détail fur la perfonne du fils de Praxitèle.

AGASIAS. —— Par une étrange bifarrerie de l'hiftoire, on fçait à peine le nom des grands Artiftes Grecs, dont les monumens ont échappé à la lente deftruction des fiècles. Pline & Paufanias ont raffemblé bien des contes populaires, pour illuftrer des hommes médiocres, qui ne pouvaient avoir un moment d'exiftence que dans les ouvrages de leurs Hiftoriens, & ils fe taifent fur les hommes de génie qui ont fait le Gladiateur, l'Hercule Farnèfe, & le grouppe de Laocoon.

(*a*) Tome IX. pag. 77.

HERCULE FARNESE.

Agaſias , fils de Doſithée , & né à Ephèſe, eſt un de ces hommes célèbres qui a eu à ſe plaindre du caprice des diſpenſateurs de la renommée. On doit, à ſon ciſeau, le Gladiateur de la vigne Borghèſe , un des chef-d'œuvres de l'ancienne Sculpture , qu'on a copié dans les Palais de preſque tous les Rois de l'Europe (*a*).

GLYCON. —— On ne ſçait rien de lui, ſinon qu'il était d'Athènes ; mais la poſtérité n'a pas d'autre tribut à lui demander, que ſon Hercule Farnèſe , production immortelle de ſon ciſeau , qui, malgré le ſilence des Pauſanias , & des Pline , le met à côté des Praxitèle & des Phidias.

SCOPAS. —— Cet Artiſte , ainſi que notre Michel-Ange , réuniſſait au talent de Sculpteur celui d'Architecte , & comme ſa gloire tient ſur-tout à la conſtruction du tombeau de Mauſole , rous

____

(*a*) Ce Gladiateur eſt gravé à la page 79 du tome IX de cet ouvrage.

ne parlerons de lui que lorſque nous décrirons cette merveille du monde.

CLÉOMÈNE. —— Ce grand homme, auſſi inconnu par lui-même, que les auteurs du Gladiateur & de l'Hercule Farnèſe, a cependant créé la Vénus de Médicis, un des ouvrages les plus faits pour marquer les dernières bornes de l'eſprit humain en ſculpture.

L'inſcription qui eſt ſur la baſe de ce chef-d'œuvre, annonce que ſon auteur était fils de l'Athénien Apollodore. Pline, qui a oublié ce fils immortel, parle du père, homme très-renommé dans l'hiſtoire de l'art ; c'était, à l'en croire, un Sculpteur qui n'attachait de prix qu'à la correction du deſſin ; comme il était toujours mécontent de ſes ouvrages, il ne faiſait guères de ſtatues que pour les briſer. Silanion lui fit l'honneur de le ſculpter en bronze, & pour exprimer ſon caractère dans ſa figure, il en fit moins un homme que le génie de l'emportement.

VENUS DE MEDICIS.

On ne s'attend guères que ce génie de l'emportement ait donné naissance à l'Albane de la Sculpture, au génie heureux qui a exprimé, avec les graces les plus touchantes, la Déesse de la beauté.

POLYCLÈS. —— Ce n'est que par conjectures,qu'on peut faire cet Artiste contemporain de Cléomène. La Sculpture lui doit le fameux Hermaphrodite de la vigne Borghèse, le composé le plus voluptueux des graces d'un sexe, & de la vigueur de l'autre; nous l'avons donné gravé, dans la vie de Tiresias (*a*).

ZÉNODORE. —— Ce Sculpteur, qui ferma, pour ainsi dire, l'Ecole célèbre des Cléomène & des Phidias, avait été enfouir son talent dans une petite Ville des Gaules : c'est-là qu'il jetta en fonte son Mercure, qui lui coûta dix ans de travail. Néron le fit venir à Rome, & lui ordonna de le sculpter lui-même en airain. Pline fait entendre que l'Artiste

_____

(*a*) *Histoire de la Grèce*, tome 3. page 53.

jetta alors en fonte un coloſſe de cent dix pieds de hauteur ; mais un pareil procédé paraît auſſi impoſſible aux gens de l'art , que la ſculpture du mont Athos en ſtatue d'Alexandre ; il eſt probable que quand un Coloſſe paſſait une certaine hauteur , on le formait de pièces de rapport. Quoi qu'il en ſoit , après la mort du tyran de Rome , on coupa la tête du Coloſſe de Zénodore , & on lui ſubſtitua celle du Soleil.

APOLLONIUS & TAURISCUS. — On ne nous a guères tranſmis que le nom de ces deux Artiſtes célèbres , à qui nous devons le fameux grouppe connu ſous le nom de Taureau Farnèſe , & qui repréſentant une des anecdotes les plus tragiques de l'ancienne Thèbes , a trouvé ſa place dans l'hiſtoire de cette Monarchie (a).

Apollonius & Tauriſcus étaient les

(a) La gravure du Taureau Farnèſe , ſe voit à la page 25 du tome 3 de cet ouvrage.

fils d'Apollodore, mais comme ils avaient été élevés dans l'attelier du Sculpteur Menecrate , ils appellèrent ce dernier leur père. Cette nouvelle généalogie , dont le génie seul produisait les titres , est attestée par l'inscription du Taureau Farnèse.

Le Taureau Farnèse , ainsi appellé , parce qu'il est dans un Palais appartenant aux Farnése , représente Zethus & Amphion , qui attachent Dircé à un taureau indompté , pour venger l'esclavage de leur mère Antiope. Ce grouppe, quoiqu'il ait douze pieds de haut, & plus de neuf de large , est tout entier d'un seul bloc de marbre. Il ne faut pas croire que ce monument, malgré sa célébrité , soit d'un bon style , comme l'Hercule , la Vénus, ou l'Apollon du Belvédère. D'abord la figure froide & drapée , qui est derrière le Taureau, & qu'on croit Antiope, le Pâtre assis & le chien, forment dans l'action principale une épisode déplacée ; il n'y a point de perſpective, puiſque la figure aſſiſe du premier plan, eſt infiniment plus petite que celles des plans qui le ſuivent, & ce qui bleſſe encore plus l'homme de goût, Dircé, par ſon attitude, ſemble moins fuir le Taureau, qui menace de la renverſer, qu'aller elle - même au-devant de ſon ſupplice.

En général, le Taureau Farnèſe, malgré les éloges hyperboliques de Strabon, eſt moins un monument de génie que de magnificence.

Il faut porter peut-être le même jugement, d'un autre grouppe du Palais des Médicis à Rome, qui renferme toute l'hiſtoire tragique de Niobé, tuée avec ſon époux & ſes quatorze enfans, par les flêches d'Apollon & de Latone. Cette grande compoſition, qu'on voyait autrefois toute entière à Rome, dans un Temple d'Apollon, & qu'on conſerve aujourd'hui mutilée, dans la vigne de Médicis, malgré la beauté de quelques têtes, ne ſoutiendrait pas le parallèle

GROUPPE DE LAOCOON.

avec quelques grouppes de nos Puget,
de nos Coyſevox, & de nos Girardon;
la tradition s'eſt partagée ſur le nom de
l'auteur de la Niobé; les uns l'attribuent
à Scopas, & les autres à Praxitèle.

AGESANDRE, POLYDORE & ATHE-
NODORE. — Ce ſont les noms peu connus dans l'hiſtoire, des auteurs du
grouppe de Laocoon, c'eſt-à-dire de la
plus ſuperbe compoſition qui nous reſte
de l'antiquité. Pline ne connaiſſait aucun
ouvrage de Peinture, ou de Sculpture,
qu'on pût lui préférer. Il eſt impoſſible,
en effet, de porter plus loin l'expreſſion,
que dans ce chef-d'œuvre de l'art. On
voit, dans la figure principale, le ſang
que les morſures des ſerpens ont mis en
efferveſcence, ſe porter avec impétuoſité
aux viſcères; chaque muſcle ſemble en
contraction, & tous les reſſorts de la
nature ſont en jeu, pour montrer la
douleur profonde contre laquelle lutte
la victime, ainſi que le génie des créa-
teurs de ce grouppe.

Au refte, l'ame de Laocoon ne paraît pas toute entière abforbée par la douleur : on croit le voir retirer fon haleine, étouffer fes gémiffemens, & commander à fa poitrine oppreffée , qui s'élève avec effort ; tant la tendreffe paternelle a encore de force fur lui, tant il craint d'augmenter le fupplice de fes fils , par le fpectacle de fes tourmens !

L'âge des enfans de Laocoon eft parfaitement rendu , ainfi que le caractère de douleur qui leur convient. On ne peut rien ajouter à la précifion du trait, & au fini des contours.

L'autel où la fcène fe paffe , eft défigné ingénieufement par les deux degrés de la plinthe , fur laquelle repofe la figure principale.

En général , le Laocoon fera un modèle éternel du beau dans les arts ; encore, comme le dit le célèbre Winckelmann, ce grouppe admirable cache-t-il bien plus de traits de génie qu'il n'en dévoile, & on voit que l'entendement du Maître

était encore plus fublime que fon ouvrage.

Le grouppe de Laocoon décorait autrefois le Palais de Titus. Pline dit qu'il
était tout entier d'un feul bloc de marbre,
ce qui pouvait paraître ainfi à l'œil, peu
exercé, à caufe de l'adreffe des liaifons;
mais les dix-fept fiècles qui fe font écoulés depuis cette époque, ont mis à découvert les traces des jointures, & Michel-
Ange était déjà perfuadé, de fon tems,
que le grouppe était de trois pièces.
Cette obfervation rend vraifemblable
le concours de trois Artiftes, dans l'exécution d'un pareil travail : il paraît que
la figure capitale a été fculptée par Age-
fandre, & que les deux autres ont été
faites à part par fes deux fils, Polydore
& Athénodore.

Quand on découvrit ce grouppe, au
commencement du feizième fiècle, parmi
les ruines du Palais de Titus, le bras
droit du perfonnage principal manquait :
on le reftitua en terre cuite, dans la per-

ſuaſion qu'on retrouverait un jour le marbre original. L'Artiſte reſtaurateur eſt, ſuivant Winckelmann, le Bernin; ſuivant le Comte de Caylus, Bandinelli, un des élèves de Michel-Ange.

Il eſt probable qu'on doit au grouppe d'Ageſandre, l'idée de la deſcription admirable du Laocoon de Virgile, & peut-être que, ſans ce même marbre, le Puget n'aurait fait, ni ſon Milon, ni ſon Andromède.

DE L'ARCHITECTURE

GRECQUE. (*a*)

Nous n'examinerons pas par quelle gradation la hutte grossière d'un Pelasge, est devenue la maison riante & décorée d'une Aspasie , ou d'un Alcibiade : car on ne doit envisager les progrès du goût que dans les monumens publics, lorsqu'on écrit une histoire du siècle d'Alexandre.

Rien de plus simple que la pensée primitive des grands monumens de l'architecture. C'est une pierre qui a donné

(*a*) *Vitruv.* lib. 1 , 4 & 10. *Plin.* lib. 34 & 36. *Pausan.* passim. *Hérod.* lib. 8. *Strab.* lib. 9. *des ruines de la Grèce* , par M. le Roi , seconde édit. de 1770. *Voyage pittoresque de la Grèce* , de M. le Comte de Choiseul. *Voyages de Richard Pockoke aux Indes Orient.* traduct. Française, tom. 5.

naiſſance au tombeau de Mauſole. C'eſt un arbre qui a été le germe du Parthenon d'Athènes, ou du temple d'Ephèſe.

Les annales Phéniciennes atteſtent que dans les premiers âges, on n'imagina qu'une pierre quarrée, placée ſur une éminence, pour déſigner aux paſſans la cendre d'un grand homme : cette pierre quarrée ſe tailla à une hauteur prodigieuſe dans une carrière de granit, & voilà l'obéliſque. On raſſembla un nombre prodigieux de ces pierres quadrangulaires, dont on fit diverſes aſſiſes, élevées dans un ordre toujours décroiſſant, & voilà la pyramide. Le goût grec tira parti de ces maſſes lourdes, qui écraſaient plus qu'elles ne décoraient les campagnes de l'Egypte. Il annonça le monument par un periſtyle, par des urnes cinéraires, par la ſtatue du Héros à qui il était érigé, & voilà le tombeau que la tendreſſe conjugale éleva dans Halicarnaſſe à l'époux d'Artemiſe.

Le cèdre, qui élève ſa tête orgueil-

leufe fur les roches fufpendues du Caucafe, ou du Mont-Liban, a été le type
de cette colonne primitive, fans laquelle il n'y aurait peut-être jamais eu
d'architecture.

Le comte de Caylus, l'ingénieux auteur des ruines de la Grèce, & d'autres
fçavans eftimables, ont cru qu'une ca-
bane fimple & ifolée avait été l'origine
des temples. Il me femble qu'ils font dans
l'erreur ; c'eft ce cèdre du Caucafe, ou
du Liban, qui, en donnant l'idée de la
colonne, a donné celle de l'édifice facré. Qu'on fe rappelle que le berceau
du monde a été fur les hauteurs de
l'Afie, dans un climat pur & vivifié également par les feux générateurs du foleil. Les premiers hommes qui fe raffem-
blèrent, pour offrir à l'Etre fuprême le
culte de la reconnaiffance, n'eurent
garde d'élever un toît qui leur aurait
dérobé l'afpect du ciel qu'ils venaient
chercher ; tous les temples primitifs
furent découverts : des arbres plantés

très-près les uns des autres, pour inter-
dire l'approche du lieu sacré aux bêtes
féroces, en désignèrent l'enceinte ; &
on la rendit circulaire, afin que les
spectateurs pussent, de tous les points,
voir l'autel placé au centre de cette
espèce de colonnade naturelle: il n'y a
donc point de filiation d'idées entre la
construction de la hutte sauvage & l'élé-
vation du temple de Minerve.

Quand du centre de l'Asie, le culte
religieux se propagea avec les hommes,
vers toutes les extrêmités du globe, on
sentit qu'à mesure que le ciel devenait
moins pur, ou plus froid, il fallait garantir l'autel & les adorateurs, des in-
fluences de l'atmosphère ; alors on étendit transversalement des troncs garnis de
leurs feuillages, sur les arbres qui ser-
vaient d'enceinte , & le temple rustique
fut couvert.

Les états se civilisèrent ; les hommes
commencèrent à travailler pour les générations à naître , & on substitua aux

arbres vivans qui fervaient d'appui au toit du temple, des troncs du bois le plus compact, que l'Artifte groffier fculpta avec fon cifeau; c'était un grand pas que l'efprit humain faifait faire à l'architecture.

La gradation de l'art, de ce moment, fe preffent fans peine : le tronc d'arbre fculpté conduifit à l'idée de tailler circulairement des quartiers de granit ou de marbre, pour foutenir la voûte d'un édifice : la raifon indiqua la loi des efpacemens, pour rendre plus majeftueux l'enfemble des colonnes, & le goût apprit à la fecouer quelquefois, pour former des périftyles.

Toutes ces connaiffances vinrent à l'Europe, de l'Orient. On ne peut douter, d'après les éloges que fait Diodore, des temples du monde primitif, qu'il n'y eut une architecture perfectionnée dans la Babylone des Atlantes ; architecture qui, par l'intermède des Phéniciens, fe tranfmit à la Babylone des Ninus & des

Semiramis, pour arriver de-là au Peloponèfe.

Il y a des Sçavans qui ont voulu faire
honneur à l'Egypte de ces grandes découvertes ; ils n'ont connu ni l'Egypte,
ni l'efprit humain. L'Egypte eft un pays
qui doit fon exiftence à la retraite du
Nil, & qui ne nâquit que d'hier, fi on la
compare à la patrie des Atlantes à l'Affyrie, à la Phenicie, à la Perfe, & à
toutes ces contrées, dont l'origine femble
fe confondre avec celle du globe. L'ef-
clave des Pharaons ayant à fe plaindre
également d'une nature marâtre & d'un
gouvernement odieux, ne fit jamais rien
ni pour lui, ni pour la gloire des arts ; il
ouvrit fa faible intelligence à tous les
préjugés, & plia fa tête docile au joug
de tous les conquérans ; fa peinture ne
fut que l'art des Hyeroglyphes ; fa fculpture, la repréfentation lourde & gênée
de fes momies ; pour fon archite
ture,
il n'inventa rien, pas même fes abfurdes
pyramides.

RUINES DU PALAIS DE TENTYRE.

RU.

Les ruines les moins mauvaiſes qui nous reſtent de l'Egypte, ſont aſſurément celles de ſon temple, ou de ſon Palais de Tentyre : car à l'inſpection de l'architecture du monument, on peut le prendre également pour l'un ou pour l'autre. Or, comment cet édifice, tracé d'après les idées les plus giganteſques & les plus barbares, a-t-il pu ſervir de modèle au Parthenon, ou au temple d'Ephèſe ? Y a-t-il dans la coupe du monument, dans les proportions des colonnes, dans la ſculpture des têtes d'Iſis, qui ſoutiennent l'entablement, une ſeule idée qui ne faſſe ſourire de pitié le dernier Elève de nos Servandoni & de nos Michel-Ange ?

L'architecture Egyptienne a toujours été à ſon berceau, puiſqu'elle n'a jamais imaginé un ſyſtême régulier ſur les ordres. Cette preuve eſt de la plus grande force pour les gens de l'art. Il n'en eſt pas de même de l'architecture Grecque ; elle a, à cet égard, reculé juſqu'à ſes dernières limites, les bornes de l'esprit humain. Tâchons de saisir, dans un point aussi important, la gradation de ses découvertes.

Les premiers Architectes de l'Asie mineure, ou du Péloponèse, qui allèrent étudier dans Tyr, ou dans Babylone, les élémens de leur art, voyant, dans les monumens publics de ces deux Villes, des colonnes de toutes sortes de grandeurs, ne s'aviserent pas d'abord de leur soupçonner des proportions naturelles, & de retour dans la Grèce, ils firent des temples de Tentyre, que le mauvais goût admira, parce qu'il n'avait point de modèles.

L'art se lassa bientôt de marcher sans principe. Un homme de génie imagina de régler les proportions de la colonne, sur celles du corps de l'homme dans sa maturité; &, de cette idée heureuse, nâquit la détermination de sa hauteur à six de ses diamètres. Voilà l'ordre Dorique; & ce qui confond toutes nos idées, c'eft que l'homme de génie qui l'imagina, n'était point un Architecte, mais un Souverain. L'hiftoire en fait honneur à un Dorus, Souverain de l'Achaïe, qui donna fon nom à une partie des Peuples du Péloponèfe.

L'Artifte, après avoir pris pour modèle le chef-d'œuvre de la nature dans fa force, tenta d'imiter ce même chef-d'œuvre dans fon élégance : alors le corps mufculeux d'Hercule ne fut plus le type exclufif de la colonne ; on lui fubftitua les formes arrondies & heureufes du corps d'Hélène, ou d'Afpafie. La colonne de ce moment devint moins maffive. On lui donna une bafe, d'après la chauffure élevée des femmes ; on imita leur coëffure dans fon chapiteau. Voilà l'ordre Ionique qui a fervi aux plus beaux monumens du fiècle d'Alexandre.

Enfin, Callimaque voyant un jour un panier couvert d'une tuile, autour duque le hafard avait fait croître des feuilles d'Acanthe , qui fe recourbaient fous les angles de la tuile, en compofa ce bel ordre Corinthien , dont le chapiteau , décoré de volutes & de plufieurs rangs de feuillages , annonce un monument confacré à la fois au goût & à la magnificence.

Tels font les trois ordres qu'on regarde, comme la bafe de l'architecture de tous les fiècles & de toutes les nations. On les doit tous les trois au génie Grec. Je ne parle ici ni de l'ordre Tofcan , ni de l'ordre Compofite ; le premier n'eft que l'ordre Dorique appauvri ; & le fecond , dont Rome s'attribuait la découverte , ne paraît qu'un mêlange imparfait de l'ordre Dorique & de l'ordre Corinthien.

Nous avons peu de chofes à ajouter à ce tableau philofophique de l'architecture des Grecs : les ruines magnifiques qui fubfiftent encore de leurs anciens monumens , ruines dont la vue eft plus faite pour éclairer la poftérité , que la

FAÇADE DU TEMPLE DE THÉSÉE RESTITUÉE.

FAÇADE DU TE

théorie la plus ingénieuse , ont été dé-
crites avec le plus grand soin , dans notre
histoire de l'Athènes de Periclès (*a*) :
& si l'homme de goût , qui n'est
point initié dans les mystères de l'art ,
voulait en pénétrer tout le génie , il lui
suffirait de mettre en regard ces ruines
déjà dessinées , avec les monumens
mêmes, restituées par l'ingénieux Leroy,
d'après les principes de l'architecture.

Le temple de Thesée , bâti six ans
après la bataille de Salamine , sur les
débris de l'ancien édifice de ce nom,
qu'on éleva, après la victoire du héros
Grec, sur le minotaure, est un des monumens d'Athènes , dont la décoration
extérieure frappe le plus les regards des
connaisseurs. On peut juger du goût de
l'Artiste , à qui on doit ce temple célèbre, par la composition de sa façade (*b*)

Je serais tenté de croire que DEDALE ,

(*a*) Tome VI. pag. 58.
(*b*) Les ruines se trouvent au tome VI. p. 82

contemporain de Thésée , & le seul grand Architecte que la Grèce possédât à cette époque, donna le dessin du premier temple, érigé en l'honneur du rival d'Hercule. Ce Dédale, arrière-petit-fils d'Erechtée, sixième Roi d'Athènes, cultivait, avec succès, tous les arts connus de son tems. Il avait un génie singulier pour les machines ; il était à la fois Peintre, Sculpteur & Architecte : malheureusement son génie n'avait pas épuré son ame. Voyant sa renommée balancée par celle de son neveu, qui , à peine sorti de l'adolescence, avait , dit-on , imaginé la scie , le tour & la roue des Potiers, dans un accès de jalousie , il l'assassina. L'Aréopage, qui devait un grand exemple pour la sûreté des mœurs publiques, condamna l'Artiste coupable au supplice, & celui-ci, pour s'y dérober, alla demander un asyle dans la Crète, à l'abominable Pasiphaë.

Pasiphaë, la Messaline de son siècle, aimait avec emportement Tauros, le

Secrétaire de Minos, fon époux ; elle promit fa protection à Dédale, à condition qu'il prêterait fa maifon, pour favorifer fes feux adultères, & celui - ci acheta, fans peine, par ce trait de baffeffe, le droit de jetter le voile de l'impunité fur fes affaffinats. La Reine accoucha, en effet, chez l'Athenien, de deux jumeaux, dont un reffemblait à fon mari, & l'autre à fon amant. Ce qui donna lieu à la fable Grecque du monftre, moitié homme & moitié taureau, qu'on connaît fous le nom de Minotaure.

Il s'agiffait de dérober les enfans adultères de Pafiphaë aux regards du Roi de Crète , & Dédale conftruifit à cet effet , fur le plan d'un monument Egyptien, un petit labyrinthe , dont les routes inextricables égaraient tous ceux qui ofaient s'y engager. La fable, dans la fuite, s'empara de ce labyrinthe, comme de celui des Pharaons ; elle dit que le Minotaure qui l'habitait , devint antropophage, & que tous les jours on amenait

des victimes humaines dans son repaire
sanglant, jusqu'à ce que Thesée vînt en
délivrer la Crète, grace à son épée & au
fil tutélaire d'Ariane.

Cependant Minos ne tarda pas à connaître son opprobre, & il mit à prix la
tête de Dédale ; l'Architecte eut le tems
de s'embarquer sur un vaisseau, excellent
voilier, dont il avait simplifié la construction, & il cingla vers la Sicile. Le
Roi qui régnait alors dans cette isle,
accueillit le célèbre transfuge, & lui fit
bâtir une forteresse sur la cîme d'un
rocher, où, avec une poignée d'hommes, il pouvait se défendre contre une
armée entière.

La renommée du constructeur du
labyrinthe de Crète, ne tarda pas à
s'étendre jusqu'en Italie ; on lui fit bâtir
à Cumes le temple d'Apollon, célèbre
par ses oracles ; on le pria de réparer
celui de Vénus sur le Mont-Eryx ; &
c'est probablement à cette époque, qu'A-
thènes oubliant, en faveur de son talent,

le crime de fa jaloufie, l'engagea à donner le plan du temple, qu'elle voulait ériger en l'honneur du vainqueur du Minotaure. On ignore le tems précis de la mort de Dédale ; mais s'il eft vraiment l'Architecte du temple de Théfée, il a dû furvivre de très-peu à la conftruction de ce monument (*a*).

Le temple de Minerve, ou le Parthénon, était antérieur, pour fa première conftruction, au temple de Théfée : car Minerve fut la Déeffe tutélaire d'Athènes, du moment que cette ville fut habitée par des hommes ; mais on ne rebâtit le nouveau avec les débris de l'ancien, brûlé par les Perfes, que fous Periclès. Ce grand homme chargea de ce monument ICTINE & CALLICRATE, qui le bâtirent au centre du rocher de la citadelle.

(*a*) Les détails de la vie de Dédale , qui tiennent à l'hiftoire de la Crète, fe trouvent à la page 141 du tome 3 de cet ouvrage.

Ictine & Callicrate n'achetèrent point, par leurs crimes, la célébrité de Dedale. Ils paſsèrent leurs jours obſcurément dans cette Athènes qu'ils avaient embellie, & leur vie eſt toute entière dans l'hiſtoire du temple de Minerve. Cet édifice, de 220 pieds de long ſur 94 de large, entouré de colonnes iſolées, de 32 pieds de hauteur, & annoncé par un magnifique périſtyle, était empreint du génie de ſes Architectes : l'homme de goût ne pouvait ſe laſſer d'admirer ſa coupe heureuſe, l'élégance de ſes proportions, la majeſté de ſa colonnade & le fini de ſes bas-reliefs. Voici ſa façade, qu'on peut comparer avec celle du temple de Theſée. Elle a été reſtituée ſur les ruines mêmes, par un Voyageur éclairé, qui était à la fois homme de lettres & architecte (a).

Le temple d'Ephèſe était encore plus

____

(a) Les ruines du Parthenon ſe trouvent, *Hiſt. de la Grèce*, tom. VI. pag. 77.

STITUÉE.

FAÇADE DU TEMPLE DE MINERVE RESTITUÉE.

célèbre que le Parthénon, du moins aux yeux du Peuple, qui met la célébrité, non dans les ouvrages du goût, mais dans ceux de la magnificence. Pline, qui nous en a donné l'histoire, prétend qu'on fut 220 ans à le construire. Comme on ne peut pas lui donner moins de 20 ans de durée, depuis son entière perfection jusqu'à son incendie, le calcul conduit à placer sa fondation vers l'an 1006, de l'ere de Paros, qui répond à la première année de la 51ᵉ Olympiade.

C'est à cette époque que fleurissait CHERSIPHRON; cet Architecte dont la vie est perdue pour la postérité, donna le plan du temple d'Ephèse; il le fit d'ordre Ionique, & l'entoura d'une double colonnade. L'édifice avait 425 pieds de long sur 220 de large. C'était le plus vaste du monde connu. Les Rois d'Asie contribuèrent à sa décoration par 120 colonnes de 60 pieds de hauteur, dont 36 étaient chargées de magnifiques bas-reliefs. A peine l'Orient commençait-il à s'énorgueillir de cette merveille, qu'un fol, nommé Eroftrate, y mit le feu, uniquement pour fauver fon nom de l'oubli. Ce défaftre arriva le jour même de la naiffance d'Alexandre.

Le crime d'Eroftrate ne dégoûta point l'Afie, du tribut volontaire qu'elle payait pour augmenter la majefté du culte de Diane. L'année même où le temple de la Déeffe fut brûlé, les Rois & les Villes envoyèrent des fommes immenfes pour le reconftruire. Les Citoyennes d'Ephèfe, chez qui la vanité nationale parlait plus haut que la petite vanité individuelle, fi naturelle à leur fexe, vendirent jufqu'à leurs bijoux, pour en achever les travaux. Au milieu de cette effervefcence générale des efprits, les Sculpteurs de la Grèce crurent qu'il était de leur gloire de contribuer, par les chef-d'œuvres de leur cifeau, à la décoration d'un pareil monument. Les uns envoyèrent des colonnes avec leurs bas-reliefs, les autres des ftatues. L'autel de Diane, chef-d'œuvre du bon goût, fut un préfent de Praxitèle.

Cependant, malgré la réunion de l'argent des Rois & du talent des Artiftes, le temple d'Ephèfe, au bout de près de trente ans, était à peine élevé de quelques pieds au-deffus de fes fondemens. Alexandre, avide de toute forte de gloire, offrit aux habitans de payer tous les frais de la conftruction de l'édifice, pourvu que l'infcription de la façade n'en fît honneur qu'à lui feul. Ephèfe, que cette propofition humiliait, n'accepta point les dons du Héros, mais elle colora fon refus par une adulation, qui en faifait difparaître l'amertume : *Il n'eft point décent*, dit-elle, *qu'une Divinité érige un temple à une Divinité.* Alors le Dieu qui avait affafliné Clitus, garda fon or, & ne fongea point à fe venger d'Ephèfe.

Ce nouveau temple fut bâti fur les deffins de CHEIROMOCRATE, qui n'eft connu que par le plan de cette merveille du monde. Il n'en reſte, ainſi que du monument brûlé par Eroſtrate, aucune ruine aſſez conſidérable pour être deſſinée. On eſt donc obligé de faire réflexion que ces deux édifices furent conſtruits au ſiècle d'Alexandre, pour conjecturer qu'on y voyait briller quelques étincelles du génie qui anima les Auteurs des Propylées & du temple de Minerve ; encore ne faudrait-il pas arrêter ſes regards ſur la ſtatue de la Déeſſe, dont on voit une copie antique dans le tréſor de Brandebourg. L'homme de goût regrette que cette eſpèce de momie Egyptienne ait deshonoré, pendant un grand nombre de ſiècles, le fameux autel de Praxitèle (*a*).

Un vrai monument fait pour atteſter aux générations la ſupériorité du génie Grec dans l'architecture, eſt le veſtibule de la citadelle d'Athènes, ſi connu

(*a*) On voit cette Diane d'Epheſe gravée au tome XII de cette Hiſtoire.

PROPYLÉES RESTITUÉES.

fous le nom de Propylées : ce fuperbe édifice, formé d'un riche périftyle, qui conduit à cinq portes, & annoncé par deux portiques parallèles, terminés chacun par un maffif qui fert de bafe à une ftatue équeftre, était l'ouvrage de MNE-SICLÈS, un des élèves & des amis de Phidias. Le revêtement fut, dans l'origine, tout entier du plus beau marbre de Paros. Periclès, qui avait conçu l'idée de ce chef-d'œuvre, employa onze millions de notre monnaie à le faire exécuter. Sa vue, telle qu'un homme de goût nous l'a reftituée, d'après une étude profonde de fes ruines, que la barbarie Mufulmanne n'a pas encore tout-à-fait difperfées, eft plus faite que les defcriptions les plus ingénieufes, pour mettre à portée d'apprécier le goût admirable qui règne, foit dans fon ordonnance générale, foit dans fes détails (a).

____

(a) On peut mettre en regard ces Propylées

DINOCRATE n'a fait ni les Propylées, ni le temple d'Ephèfe, mais il a bâti la plus fameufe des Alexandries ; ce qui lui donna autant de droit à la célébritéqu'aux Mnefclès & aux Cherfiphron. Cet Artifte était de Macédoine, & ne pouvant percer, par fes talens, dans un pays peu éclairé, & qui n'avait d'exiftence que par fon Souverain, réduit à ne prendre confeil que de fon génie, il fe rendit à l'armée d'Alexandre. A peine fut-il arrivé, que s'habillant en Athlète, le corps huilé, la tête ceinte d'une couronne de peuplier, & la maffue d'Hercule à la main, il fe préfenta à l'audience du Héros. La nouveauté du fpectacle écarta la foule ; il s'approche du trône : « Je fuis, dit-il, l'Architeéte Di-» nocrate ; je viens apporter à Alexandre » des deffins dignes de fa grande ame ». Il s'agiffait, comme nous l'avons déjà

restituées, avec la gravure des ruines qu'on voit à la page 86 du tome VI de cette hiftoire.

vu, de faire du Mont-Athos une ſtatue du Vainqueur de Darius. Elle devait tenir dans ſa main gauche une grande ville, & dans ſa droite une coupe où aboutiraient les eaux de pluſieurs fleuves, pour les verſer enſuite dans la mer. Alexandre goûta d'abord cette ingénieuſe extravagance ; mais quand il fallut diſcuter les détails du plan, voyant qu'il n'y aurait autour de la ville aërienne, aucune campagne qui pût fournir du bled pour ſa ſubſiſtance, il l'abandonna. « Je ne veux, dit-il, d'au- » tres monumens que le Caucaſe, le » Tanaïs, & la mer Caſpienne, que j'ai » paſſés en vainqueur, pour atteſter aux » générations à naître la gloire de mes » conquêtes ».

Le Héros qui aimait l'adulation, ſur-tout quand elle portait un peu l'empreinte du génie, n'en ſçut pas moins gré à Dinocrate, du plan giganteſque qu'il avait conçu ; il le retint auprès de ſa perſonne, lui fit conſtruire dans Baby-

Ione le fameux catafalque d'Epheſtion, & bâtit, ſur ſes deſſins, le fanal de l'iſle de Pharos, le port & la ville de celle de ſes Alexandries, qui devint, après ſa mort, le centre du commerce de l'univers.

Vitruve, un de nos guides les plus judicieux, acheve le tableau de l'architeture grecque, en offrant à l'admiration des ſiècles quatre de ſes temples, dont la grandeur étoit la plus impoſante; mais à l'exception de celui d'Ephèſe ſur lequel nous nous ſommes étendus, il ne donne preſqu'aucune lumière ſur les plans de ces édifices, ſur le génie des Architetes, & ſur l'époque de leur conſtruction. On ignore à qui on doit le temple d'Apollon à Milet. Celui de Cérès à Eleuſis donnerait les mêmes regrets à la curioſité, ſi on n'apprenait, en combinant Strabon & Diodore avec Vitruve, qu'il fut l'ouvrage d'Ictine, un des Architetes du Parthènon; qu'on ne l'entoura point dans l'origine d'une

colonnade,

colonnade , & qu'il était affez vafte pour contenir trente mille perfonnes.

Le Temple de Jupiter Olympien, dans Athènes , eft le dernier des édifices facrés dont l'Hiftorien de l'architecture parle avec enthoufiafme. Le fçavant Pockoke qui croyait en avoir trouvé les ruines, dit qu'il fut fondé par Deucalion ; & la raifon qu'il en donne eft affez peu philofophique. *On voyait* , dit-il , *près de ce monument , un abyme , par lequel on croyait que les eaux s'étaient écoulées, après fon déluge.* Un abyme , dans lequel un océan entier fe ferait précipité , ferait un monument bien plus merveilleux encore que le Temple érigé par Deucalion.

L'abyme de Pockoke n'a jamais exifté : fon Temple, érigé par Deucalion, n'eft autre chofe que celui d'une Junon Lucine que bâtit l'Empereur Adrien , au tems de la décadence des arts en Europe : quant au vrai Temple de Jupiter Olympien dont parle Vitruve , il fut commencé par Pififtrate , abandonné après la mort de cet homme célèbre, en haine des crimes de sa maison, & achevé seulement trois siècles après, par le Roi de Syrie Antiochus Epiphane. Le Cossutius, à qui l'Histoire attribue l'honneur d'avoir mis le comble à cet édifice, & de l'avoir décoré d'une colonnade d'ordre Corynthien, était un Artiste Romain, & son nom ne doit pas entrer dans le tableau de notre architecture.

Un monument qui, quoique d'un petit genre, peut servir à donner à l'Europe moderne une idée de l'architecture grecque, est une tour de marbre, dont six colonnes d'ordre Corynthien soutiennent l'entablement ; les habitans d'Athènes, accoutumés à fouler ses ruines vénérables, l'ont adossé à une espèce de cloître, d'un goût barbare, & lui ont donné le nom de Lanterne de Démosthène, parce qu'on suppose que ce célèbre Orateur s'y enferma long-tems, pour s'exercer en silence à la pantomime & à tout le méchanisme de la déclamation. Ce monument a été reftitué, avec goût, par le même Sçavant, qui nous a donné les Propylées & le Temple de Minerve (1).

Le dernier monument que l'homme célèbre fonge à élever, eft fon tombeau ; & la Grèce avait en ce genre divers chefs-d'œuvres, qui ferviront à completter l'Hiftoire de fon Architecture.

On a toujours beaucoup parlé, en Orient, du fameux tombeau de Ninus, érigé par Sémiramis. Artemife, qui, à quelques égards, était la Sémiramis de l'Afie mineure, en fit élever un à Maufole, fon époux, deftiné à balancer la renommée du monument de Babylone. Cet édifice, entouré de trente-fix colonnes, & terminé par une pyramide qui portait un char à quatre chevaux, avait foixante-trois pieds de large, dans la face la plus apparente, cent quarante

____

(*a*) Ses ruines fe trouvent à la page 90 du tome VI de cette hiftoire.

de hauteur, & quatre cens onze de cir-
conférence. Quatre Architectes y tra-
vaillerent à la fois : SCOPAS, BRIAXIS,
LEOCHARÈS & TIMOTHÉE ; & Artemife
étant morte, avant que ce grand ouvrage
fût terminé, un cinquieme (PYTHIS)
fut nommé par le Gouvernement pour
le conduire à fa perfection. C'eft à ce
dernier qu'on doit la pyramide qui
couronne le maufolée & le char à quatre
chevaux.

Scopas, le plus fameux de ces Artiftes,
réuniffait, comme notre Michel-Ange,
le génie de la fculpture à celui de l'architecture ; il décora le Temple d'Ephefe
des chefs-d'œuvres de fon cifeau, & fit
une Vénus parfaitement nue, que Pline
mettait au-deffus de celle de Praxitele.

Les ruines même du tombeau de Maufole ne fubfiftent plus (1). Au défaut de

____

(a) Nous avons perdu jufqu'à la defcription
très-détaillée que Philon en avait faite dans fon
Traité *de Mirabilibus*. Le texte de Pline, qui
pourrait y fuppléer, a fait naître deux gravures,

TOMBEAU DE MILASE.

cette merveille du monde, nous offrons le tableau d'un maufolée qui fubfifte prefqu'en entier à Mylafe, Ville fituée dans l'ancien royaume d'Artemife. C'eft un édifice de marbre blanc à deux étages, dont le rez-de-chauffée formant un foubaffement, était deftiné à renfermer la cendre du Héros. Ce foubaffement fert de bafe à une colonnade d'ordre Corynthien, qui foutient elle-même un comble terminé en pyramide. On ignore également le nom de l'Architecte & celui du Héros, auquel le monument a été érigé.

---

une du Comte de Caylus, & une autre du Comte de Choifeul; mais elles ne fe reffemblent point, ce qui prouve qu'en étudiant Pline, on n'arrive qu'à d'ingenieufes conjectures.

CONJECTURES
SUR LA MUSIQUE
DES GRECS (*a*).

IL n'y a rien de plus problématique que ce que les Anciens nous ont laissé sur la Musique Grecque ; les Dialogues de Plutarque à cet égard font des oracles de Sibylles. Les textes de ce Philosophe, commentés par les Sçavans, peuvent faire naître des volumes dans des Mémoires d'Académie ; mais ils doivent se réduire à quelques pages, dans une histoire des hommes.

Peu nous importe d'abord l'origine primitive de la Musique ; nous ne dis-

---

(*a*) *Plutarch.* de Musicâ. *Polyb.* lib. 4. *Athen.* Deipnosoph. lib. 14. *Suidas.* Lexic. passim. *Rousseau*, Dict. de Musique. *Dissert.* de Burette dans les Mémoires de l'Académie.

euterons pas fi, comme Platon le prétend, l'homme a appris à modifier fon
gofier, en imitant le ramage des oifeaux,
ou fi c'eft en réfléchiffant fur le fiffle-
ment des vents dans les rofeaux, comme
le fait entendre Diodore. Le chant eft
dans la nature comme la voix, & il
n'eft pas plus permis au Philofophe, de
rechercher comment l'Atlante du Caucafe imagine fa premiere chanfon, que
d'examiner comment il marche ou comment il digere.

Obfervons feulement que chez les
peuples dont la langue eft flexible &
fonore, tout le monde eft Muficien. Ce
principe eft fi vrai qu'en Grèce on chantait jufqu'aux loix nationales, & le *no-*
mos, fi en ufage dans Homère, figni-
fiait également une loi & une chanfon.

Difons plus; il y a des peuples heureufement organifés, chez qui la langue
eft fi heureufement accentuée, qu'on ne
peut guères parler qu'en Mufique. Telle
eft, à quelques égards, la langue des

Chinois ; un feul mot déclamé de trente façons, fignifie trente chofes différentes ; ainfi le meilleur difcours des Lettrés de Pékin, prononcé avec la monotonie Anglaife, ne pourrait s'entendre.

Cet effet, que nous ne pouvons expliquer avec notre langue gothique & nos oreilles barbares, était bien plus fenfible encore, fous le beau ciel du Péloponèfe, qu'à l'extrémité orientale de l'Afie, parce que les fons de la langue Grecque, la première du monde connu, femblaient toujours former entr'eux des intervalles appréciables. La déclamation d'un Athénien était muficale, ou fi l'on veut fa Mufique était déclamatoire.

Ce principe explique, comment le Philoctete de Sophocle & l'Alcefte d'Euripide pouvaient être joués avec un accompagnement de flutes, fans paraître ridicules aux yeux du goût & de la raifon.

Il explique comment un Orphée ou

un Arion compofaient & chantaient à la fois des airs très-pathétiques, avec autant d'aifance, que les Improvifateurs de l'Italie moderne font des fonnets : il fuffifait à ces Poëtes célèbres d'avoir un organe flexible, de connaître leur langue, & de deviner les accens de la nature.

Il explique comment tous les poëmes anciens commençaient par le mot, *je chante*; ufage que la routine fervile de tous les poëmes modernes a adopté; comme fi Boileau chantait fon Lutrin, ou Bernard fon Art d'aimer, ainfi qu'Homère chantait fon Iliade !

Les Latins fe traînèrent avec quelques fuccès fur les pas des Grecs, les Italiens fe traînent un peu moins heureufement fur les pas des Latins; mais pour tous les autres peuples de l'Europe moderne, avec leurs fyllabes fourdes & muettes, leurs inflexions monotones, & leur défaut de profodie, il me femble qu'il leur eft impoffible d'avoir, comme à Athènes, un mélodrame qui leur foit donné par la nature.

Les Grecs commencèrent à s'exercer dans cette Mufique fimple, qui agit moins fur l'ame que fur les fens, & que l'homme de l'art ne regarde que comme des combinaifons de fons mélodieux. Telle eft la Mufique des Odes, des Hymnes qui a fait la gloire des Orphée & des Amphion, dans le premier âge de la civilifation du Péloponèfe.

Au fiècle d'Alexandre, le génie fit faire un grand pas à l'art, en créant une Mufique imitative, capable d'agiter l'ame & de lui commander à fon gré la gaîté ou l'emportement, le trouble de la terreur ou celui du plaifir : écoutons à ce fujet l'éloquent Auteur d'Emile, qui était fait pour parler en légiflateur, de l'art dont nous écrivons l'hiftoire.

« La Mufique imitative a des inflexions
» vives, accentuées, & pour ainfi dire
» parlantes, dont elle fe fert pour ex-
» primer toutes les paffions, peindre

» tous les tableaux, foumettre la na-
» ture entière à fes fçavantes imitations,
» & porter ainfi jufqu'au cœur de
» l'homme, des fentimens propres à l'é-
» mouvoir. Cette Mufique, vraiment
» lyrique & théâtrale, était celle des
» anciens poëmes Grecs, & c'eft de
» nos jours celle qu'on tente d'appli-
» quer à nos mélodrames. Ce n'eft que
» dans cette Mufique, qu'on doit cher-
» cher la raifon des effets prodigieux
» qu'elle a produit autrefois. Tant qu'on
» cherchera des effets moraux dans le
» feul phyfique des fons, on ne les y
» trouvera pas, & l'on raifonnera fans
» s'entendre ».

Il eft certain que cette Mufique imitative, dont notre Europe moderne
n'a commencé à avoir d'idée, que par
les chants admirables des Leo, des
Jomelli & des Pergolèfe, peut feule
rendre vraifemblables les merveilles
qu'on attribue à la lyre des grands Artiftes Grecs; Pythagore, dans la joie

tumultueuse d'un festin, voyant quelques-uns de ses convives que les sons mélodieux d'une lyre avaient disposés à l'amour, sur le point de faire violence à la beauté ingénue & timide, se contenta d'ordonner à l'Artiste de substituer au mode Phrygien un mode plus grave, alors ces jeunes Alcibiades rougirent, & l'honneur des Vierges fut sauvé.

Timothée fit la même expérience sur la sensibilité d'Alexandre ; ce Musicien s'accompagna de la lyre, devant lui, sur un mode fier & belliqueux, à l'instant le Héros courut à son épée : il passa, par une transition ingénieuse au mode Lydien, & le Monarque, enivré d'amour, laissa tomber ses armes aux pieds de sa maîtresse.

Cette Musique dramatique des Grecs était portée à un tel point de perfection, dans le beau siècle d'Alexandre, que Platon a écrit qu'on ne pouvait innover dans la Musique, sans innover dans la constitution politique des Etats ; & Aristote, qui semble n'écrire ordinairement que pour contredire Platon, dont la gloire l'importunait, avoue cette influence finguliere de la Mufique fur la morale. On peut ajouter à ces grandes autorités, deux faits qu'on doit à la Philofophie de Polybe. Cet Hiftorien célèbre, obferve que les premiers Rois de l'Arcadie la civilifèrent avec la Mufique, & que les habitans de Cynèthe, ayant négligé cette partie de l'éducation nationale, devinrent peu-à-peu auffi féroces que les fauvages de la Tauride.

Il eft difficile, d'après ce tableau des merveilles de l'art, de croire, avec la plupart des Sçavans, qu'il fût à peine forti du berceau chez les Grecs; s'il eft vrai, comme ils le prétendent, qu'ils ne connuffent ni la Mufique inftrumentale pure, ni cette partie de la compofition harmonique qu'on nomme le contrepoint, qui fommes-nous donc, nous qui, avec la théorie la plus vafte, n'avons que d'hier une Mufique théâtrale, & qui, incapables d'exécuter, avec toutes les reſſources de l'art, ce que les Anciens faiſaient avec la ſimple mélodie, ne ſongeons à nous mettre au niveau des Grecs du ſiècle de Periclès, qu'en les rabaiſſant au degré de notre infériorité?

On nous a laiſſé peu de mémoires ſur les grands Muſiciens de l'antiquité, & ce peu qui nous en reſte eſt encore dénaturé par les fables. Trois des plus célèbres, AMPHION, ORPHÉE & ARION ont déja paru avec quelque diſtinction dans cette Hiſtoire (1), & nous ne préſenterons pas deux fois leurs tableaux dans la même galerie.

TERPANDRE. — Ce Poëte-Muſicien, (& chez les Grecs ces deux talens ne ſe ſéparaient pas) ſe fit connaître, en remportant le prix de ſon art, aux Jeux Car-

---

(*a*) L'hiſtoire d'Amphion eſt au tome 3. pag. 26. celle d'Orphée au tome 2. pag. 143. & on vient de lire dans le volume précédent la vie d'Arion.

niens, établis à Lacédémone dans la vingt-sixieme Olympiade.

Son talent fut plus d'une fois utile au Gouvernement, s'il est vrai, comme Plutarque le fait entendre, qu'il calmait les séditions dans Lacédémone, en jouant de la lyre. Mais l'Artiste n'éprouva de son Souverain que de l'ingratitude ; car ayant voulu tirer la Musique de la sphère étroite où elle était circonscrite, & ajouter une nouvelle corde à l'instrument qui lui servait à civiliser les Spartiates, les Ephores le condamnerent à une amende comme innovateur. Cette anecdote étrange a été jugée digne, par l'Ecrivain des Marbres de Paros, d'être consignée dans sa chronique, avec les grands événemens de l'Histoire Grecque, tels que la bataille de Marathon, ou la mort de Socrate.

PHRYNIS, né à Mitylene, dans l'isle de Lesbos, remporta le prix de son art, aux Panathenées, l'an 1125 de l'ere de Paros ; mais ayant voulu entrer dans la lice avec Timothée, il soutint mal l'idée que la Grèce avait de sa supériorité. Phrynis fut un innovateur dans le genre de Terpandre : car n'ayant trouvé que sept cordes à une espèce de lyre, connue des anciens sous le nom de Cythare, il en ajouta deux nouvelles ; &, par le moëlleux des sons qu'il tira de cet instrument perfectionné, il fit, dit-on, dégénérer la musique de sa mâle simplicité : aussi quand il se présenta au concours des artistes de Lacédémone, avec ses sons efféminés & sa cythare à neuf cordes, les Ephores lui défendirent de corrompre ainsi la ville de Lycurgue. Phrynis retourna alors dans Athènes, qui n'avait point à se garder d'un pareil genre de corruption.

TIMOTHÉE, le contemporain & l'ami d'Euripide, naquit à Milet, dans l'Asie mineure ; il fut sifflé dans ses premiers essais, & répara bientôt, à force de génie & de triomphes, l'opprobre léger que lui avait causé sa présomption.

Timothée imita les Terpandre &
les Phrynis dans leurs innovations
muſicales, &, comme eux, il en fut
puni par les Légiſlateurs de Lacédémone. Nous avons déjà eu occaſion,
dans l'hiſtoire des inſtitutions de Lycurgue, de rapporter le décret lancé à ce
ſujet par les Ephores, conſervateurs-nés
des mœurs de leurs concitoyens & de
leur muſique (a). Cependant l'article qui
condamnait l'accuſé, à retrancher de ſa
lyre les cordes nouvelles, ne fut pas
exécuté : car au moment où le ſatellite
des Magiſtrats s'avançait pour mutiler
l'inſtrument, Timothée ayant apperçu,
dans la place publique, une ſtatue d'A-
pollon, qui portait une lyre pareille à
la ſienne, pour le nombre des cordes, il
la montra à ſes Juges, & ceux-ci, pour
ne point faire briſer l'inſtrument du
Dieu, permirent à l'Artiſte de conſerver
le ſien.

(a) *Hiſt. de la Grèce*, tome IV. pag. 236.

Timothée dégrada un peu son art, en mettant un prix à ses leçons : on dit même qu'il se les faisait payer le double, quand on ne s'adressait pas à lui, pour les premiers élémens de la musique, sous prétexte que le grand Maître, qui succède à des demi-Sçavans, a deux peines pour une, celle d'apprendre & celle de faire oublier.

ARISTOXÉNE, né à Tarente, dans la grande Grèce, joignit la théorie de son art à la pratique la plus heureuse. Nous avons encore son livre des *Elémens harmoniques*, le plus ancien ouvrage de musique, qui nous reste des ruines de l'ancien monde. Il y combat le systême de Pythagore, qui, dans ses rêveries métaphysiques sur les sons, faisait uniquement dériver des nombres l'art des Timothée & des Arion. Le livre des élémens harmoniques est le seul qu'on nous ait conservé des quatre cens cinquante-trois traités que la compilation de Suidas attribue à Aristoxène.

Comme Aristoxène prit des leçons
d'Aristote, la chronologie doit en faire
un des ornemens du siècle d'Alexandre.

DE LA POESIE LYRIQUE

CHEZ LES GRECS.

Nous avons vu que l'homme primitif, en façonnant sa main à l'imitation de la nature, était devenu Peintre, Sculpteur & Architecte; il n'eut besoin ensuite que de plier sa voix à des modulations imitatives, pour devenir successivement Musicien, Poëte & Orateur.

La filiation de la poésie par la musique, nous paraît d'abord paradoxale; mais quand on veut franchir l'enceinte de nos idiomes barbares, pour se transporter chez les premiers habitans du Peloponèse, alors le paradoxe disparaît. Toutes les langues heureusement accentuées ont un rithme qui n'est, à des yeux philosophiques, qu'une modification de la mesure musicale. La langue Grecque est sur-tout, en ce genre, le modèle de toutes celles qui ont exifté. Il eft prefqu'impoffible d'entendre un homme de goût, qui a un bel organe, déclamer un fragment de l'Iliade, où un monologue de Sophocle, fans croire qu'il chante : & voilà pourquoi le melodrame, qui nous paraît fi abfurde fur nos théatres modernes, pouvait être fur ceux d'Athènes l'ouvrage de la nature.

La modulation de langue & la modulation muficale, quoiqu'indépendantes l'une de l'autre, ont fi bien la même origine, que dans les premiers âges de la Grèce, tous les Poëtes furent Muficiens : c'eft cette union admirable qui forme ce qu'on appelle la poéfie lyrique. Quand les poémes furent compofés par des improvifateurs qui s'accompagnaient réellement de la lyre, ils firent la gloire des Terpandre, des Timothée & des Arion, & nous avons dû en parler à l'article de la mufique : depuis, ces ouvrages furent travaillés avec foin dans le filence du cabinet ; leurs auteurs dédaignant peut-être d'exercer la musique par eux-mêmes, les firent accompagner par des lyres étrangères ; & c'est au chapitre de la poésie, que nous avons dû renvoyer l'histoire des Pindare, des Sapho & des Anacréon.

Le poëme lyrique, tantôt est l'ouvrage d'une imagination exaltée par l'enthousiasme, qui chante d'un ton élevé Dieu, la nature ou les Rois ; tantôt prenant un essor moins sublime, il exprime la douce rêverie d'une ame légèrement émue par le plaisir, ou s'il s'échauffe, c'est pour rendre le délire de la joie & l'ivresse de l'amour. Ces deux caractères du poëme lyrique, constituent l'ode Pindarique, ou l'Hymne, & l'ode Anacréontique, ou la Chanson.

TYRTÉE (*a*), un des plus anciens Poëtes lyriques dont l'ennemi des fables

______

(a) *Suidas.* Lexicon. *Paufan.* in Meffen. in Lacon. &c. *Herod.* lib. 5. *Elian.* hift. diverf. lib. 13. *Athen.* deipnofoph. *paffim.*

puisse écrire l'histoire, était un boîteux
d'Athènes, qui y exerçait la profession
obscure de Maître d'école : il dût sa
gloire à son génie & sa fortune à un
oracle ; la Pythie de Delphes avait déclaré à Lacédémone, humiliée par les
exploits d'Aristomène, que c'était d'A-
thènes que devait sortir son libérateur.
La ville de Solon, peu jalouse de servir
l'orgueil de sa rivale, au lieu de lui envoyer un Général, lui envoya un Maître
d'Ecole ; heureusement ce Maître d'é-
cole avait du génie ; il fit des odes sublimes pour la nouvelle patrie qu'il était
chargé de défendre, & échauffa si bien
ses guerriers par ses Iambes & ses Ana-
pestes, qu'il leur fit presqu'imaginer qu'ils
n'avaient pas été battus à Stenyclare.
Sparte, par reconnaissance, inscrivit le
Poëte libérateur, au nombre de ses Citoyens.

On attribue à Tyrtée, outre cinq
livres de chants guerriers, auxquels il
dut sa réputation, des préceptes en vers

élégiaques, & un traité sur le gouvernement de Lacédémone : il ne nous reste
que quelques fragmens de ses chants
guerriers, dont le grand mérite est dans
le rythme Grec, & que par conséquent
aucune langue moderne ne doit avoir
l'audace de traduire.

STESICHORE, né à Hymère, dans la
Sicile, chanta des Héros guerriers, &
mit, pour ainsi dire, sa lyre au niveau
de la trompette de l'Epopée. On disait,
dans l'antiquité, que ce Poëte avait
perdu la vue, pour avoir fait des épigrammes contre Helène, & qu'il ne
l'avait recouvrée qu'en chantant la pali-
nodie: ce conte oriental nous a été transmis par le crédule Pausanias.

ALCÉE, né à Mitylène, dans l'isle
de Lesbos, réussit assez dans le genre
lyrique, pour donner son nom à
un vers d'un rythme particulier, qu'on
appella le vers Alcaïque. Il n'aimait pas
les sages qui pouvaient l'éclairer : car
tant qu'il vécut, il déchira, dans ses

fies, Pittacus, le Philofophe couronné de Lesbos, qui le punit cruellement de fes fatyres, en ne paraiffant pas s'en appercevoir. Cet Alcée fi audacieux, quand il s'agiffait de venger fa vanité humiliée, ne fut qu'un lâche, quand il s'agit de défendre fa patrie. Un jour de bataille, il jetta fes armes avant la mêlée, & prit la fuite. Rome, qui eut un Alcée dans Horace, en louant les mêmes talens, eut à lui pardonner la même faibleffe.

PINDARE nâquit à Thèbes, vers le tems où Athènes gémiffait fous la tyrannie de la famille de Pififtrate. Ce Poëte, dont la vie eft ignorée, mais dont les ouvrages ont une célébrité, que la philofophie n'explique pas encore impunément, confacra fa lyre à l'éloge des Athlètes, vainqueurs dans les jeux de la Grèce. Horace qui l'avait pris pour modèle, & les Critiques modernes qui répètent Horace, ont épuifé, pour le louer, le champ des comparaifons. Ici

c'eſt un torrent impétueux , qui ren-
verſe toutes les barrières qu'on lui op-
poſe ; là c'eſt un cygne qu'un élan impétueux fait perdre dans les nuages ; ailleurs c'eſt un géant aîlé, dont la trace
eſt inſenſible, qui ne s'appuie que pour
s'élancer, & qui voit ſa route marquée
par le génie, entre le ciel & la terre. On
voit bien que les enthouſiaſtes de Pindare parlent ſa langue , pour mettre plus
de prix à ſon éloge. Cependant ſi ce Poëte
Thebain a été après Homère le plus ſublime des Grecs , ſa ſublimité du moins
paraît déplacée , puiſqu'il ne l'a conſa-
crée d'ordinaire qu'à louer des Athlètes,
des conducteurs de chars & des chevaux. On peut ajouter que ſa hauteur
eſt plus dans la pompe des mots, que
dans la grandeur des images. Je ne parle
pas du déſordre de ſes idées & de leur
incohérence, parce qu'on en fait une des
beautés de l'ode. On croit que ſi le
génie du Poëte a , dans ſon enthouſiaſme, franchi les idées intermédiaires ,

c'eſt au génie du lecteur à les ſuppléer.

Pindare, dont les ſiècles qui l'ont ſuivi ont fait la renommée, fut jugé avec moins d'indulgence par ſes contemporains. CORYNNE lui diſputa cinq fois, dans les jeux publics, la palme de la poéſie lyrique, & cinq fois elle fut couronnée. Le tems, qui a épargné les vers du vaincu, a anéanti les ouvrages vainqueurs.

CALLIMAQUE. —— C'eſt, après Pindare, le moins ancien des Poëtes lyriques Grecs du grand genre ; car on place ſa mort ſous Ptolemée Evergete, plus de quatre‑vingts ans après la mort d'Alexandre. Les hymnes qui nous reſtent de cet homme célèbre , & qui ſeuls , de plus de quarante ouvrages , ont échappé à l'incendie de la Bibliothèque d'Alexandrie , font des monumens de zèle envers les Dieux & d'adulation envers les Ptolemées. Ovide refuſait à ce Poëte le génie de l'invention.

Cependant il luidut l'idée de son Ibis &
de sa belle métamorphose d'Eresichton.
Callimaque mourut dans l'indigence &
dans l'oubli, & fut même obligé de
s'enterrer lui-même, si cependant il faut
en croire cette épigramme de l'Anthologie :

Pauvre & le dos courbé sous l'âge qui s'avance,
D'hommes à qui je pèse en tous lieux entouré,
 J'osai, d'un bras mal assuré,
  Creuser la tombe où je m'élance;
A ce dernier revers on est peu préparé,
  Même en maudissant l'existence;
On enterre les morts, & je meurs enterré.

SAPHO doit être mise à la tête des
Poëtes aimables de la Grèce, qui ont
réussi dans l'ode Erotique, genre de
poésie lyrique qui n'admet ni l'enthousiasme de Pindare, ni ses écarts, mais
dont les graces touchantes ne sont point
perdues pour les ames sensibles. Cette
dixième muse (car l'antiquité lui donne
ce nom) nâquit à Mitylène, dans l'isle

de Lesbos, & fut contemporaine de Solon, le légiflateur d'Athènes. L'amour
fit fa célébrité & les malheurs de fa
vie. Il fit fa célébrité, en lui infpirant
des vers pleins de génie ; il fit fes malheurs, en lui donnant une paffion vio-
lente pour un jeune homme qui la dédaigna. Phaon, c'eft le nom de l'infen-
fible, était le plus bel infulaire de Lesbos, du moins on peut en juger ainfi par
une fiction pleine de délicateffe de fon
amante, que les anciens nous ont con-
fervée. Phaon était repréfenté dans l'ouvrage de Sapho, conduifant une bar-
que fur un fleuve tranquille. Vénus, dé-
guifée en femme du peuple, fe préfente, prend un ton modefte, & demande à paffer le fleuve fans payer. Le
Lesbien n'héfite pas ; il accueille l'inconnue fur fa bonne mine, & la tranfporte fur l'autre rive. Alors Vénus fe fait
connaître, & fait préfent à Phaon d'un
vafe d'albâtre, rempli d'une effence
divine, dont l'adolefcent s'eft à peine

parfumé, qu'il devient le plus bel homme du Peloponèfe.

Sapho, par fes fictions charmantes, eut beau parler à l'amour propre de Phaon, elle ne réuffit point à parler à fon cœur, &, de défefpoir, elle fe précipita dans la mer, du haut du promontoire de Leucade. On lui attribue neuf livres d'odes érotiques, des élégies, des fcolies morales & des épigrammes; mais il ne nous refte pas d'elle deux cens vers. Son chef-d'œuvre eft fa fameufe ode à la Lesbienne, traduite par Boileau, qui n'a jamais parlé à l'ame que dans cette traduction :

Heureux qui près de toi, pour toi feule foupire,
Qui jouit du plaifir de t'entendre parler,
Qui te voit quelquefois doucement lui fourire !
Les Dieux, dans fon bonheur, pourraient-ils
    l'égaler ?

Je fens de veine en veine, une fubtile flamme
Courir par tout mon corps, fitôt que je te vois;
Et dans les doux tranfports où s'égare mon ame,
Je ne fçaurais trouver de langue, ni de voix.

Un nuage confus se répand sur ma vue,
Je n'entens plus, je tombe en de douces lan-
    gueurs ;
Et pâle, sans haleine, interdite, éperdue,
Un frisson me saisit.... je tombe.... je me meurs.

ANACRÉON, qui a donné son nom à la poésie érotique, naquit à Teos, ville d'Ionie, & fut contemporain de Pisistrate. Hipparque, fils de ce tyran, instruit de son génie par sa renommée, voulut le voir, & lui envoya une galère à cinquante rames, pour l'amener dans Athènes. Le Poëte réussit encore plus à la cour de Polycrate, despote de Samos, car il devint son favori ; & il faut avouer qu'il méritait l'accueil de tous les tyrans, par son génie souple & par ses adulations heureuses, non moins que par le génie, qui étincelait dans ses vers. Sa vie répondit à l'idée que nous donnons de son caractère : convive aimable, passant le jour dans l'ivresse & la nuit dans les bras de toutes les femmes qui parlaient à fes fens, il épuifa, pour ainfi dire, la carrière du plaifir. On croit qu'arrivé à l'âge de 85 ans, il mourut d'un grain de raifin qui s'arrêta dans fon gofier, & le fuffoqua; ce que la phyfique n'oferait garantir.

Les poéfies d'Anacréon refpirent, en général, le goût le plus pur; jamais l'efprit n'y parle le langage du cœur : cet Ecrivain charmant faifait des odes, comme notre la Fontaine faifait des fables, c'eft-à-dire auffi naturellement qu'un rofier, fous un beau ciel, donne des rofes. Les odes érotiques d'Anacréon ont été traduites dans toutes les langues, & quelquefois avec fuccès. On fe fouviendra long-tems de celle de l'Amour mouillé, dont nous devons la traduction à la Fontaine.

Il ne faut point quitter les poéfies légères d'Anacréon, fans parler de l'Antologie grecque que Saumaife trouva, dans le fiècle dernier, à Heidelberg, & qui renferme plus de fept cens pièces lyri-

ques, inscriptions, épitaphes, ou épigrammes (*a*).

L'Anthologie (discours des fleurs) est
un recueil de ces productions légères de
l'Atticisme, de ces riens ingénieux, de
ces fleurs du Parnasse, en un mot, que
le regard sévère de la raison suffirait
pour faner. Parmi les cent quinze auteurs à qui cette collection appartient,
on trouve des noms illustres, tels que
ceux de Thalès, de Sophocle & de Pythagore. Voici une des plus jolies de
celles qui sont anonymes ; elle est adres-
sée à une Bouquetière d'Athènes.

Tu souris d'un air enfantin,
En m'offrant de tes fleurs la guirlande vermeille;
Belle Aglaé, dis quel est ton dessein ?
Nous offres-tu les fleurs de ta corbeille,
Ou bien les roses de ton tein ?
Sur ces bouquets que tu disposes,
L'œil égaré voit palpiter ton sein,
Vendrais-tu le rosier avec toutes ses roses !

(*a*) Voyez la magnifique édition qu'en a donnée M. Brounk, un des plus sçavans hommes
de l'Europe.

DE LA POÉSIE

NARRATIVE.

LES épigrammes de l'Anthologie grec-que, nous conduifent, comme par la main, à la poéfie narrative, qui, outre l'épigramme, renferme la fable, l'élégie, le poëme didactique, & fur-tout ce chef-d'œuvre de l'efprit humain, qu'on appelle l'épopée.

La fable imaginée par une Philofophie circonfpecte, qui veut, fans bleffer les grands, leur faire entendre la voix de la vérité, eft une efpèce de conte ingénieux, où l'on cite l'homme au tribunal des animaux, pour le rendre meilleur : quatre Ecrivains ont été, en ce genre, les modèles de toutes les nations ; Efope en Grèce, Phèdre à Rome, Pilpay dans l'Inde, & fur-tout parmi nous, l'inimitable la Fontaine.

ESOPE, né en Phrygie & contemporain de Solon, n'eſt connu, quant à ſa perſonne, que par les contes de Planude; on ſçait qu'il était bègue, boſſu, &, outre cela, eſclave; à tous ces titres, il avait plus de droit que le reſte des hommes, à ne leur faire entendre la vérité que par la voie des apologues.

Il y avait, probablement à cette époque, à Sardes, & dans toutes les villes opulentes de l'Orient, des théatres, où le Poëte mettait en ſcène les grands perſonnages, qui n'exiſtaient plus, pour l'inſtruction de ſes contemporains. Mais cette morale dramatique n'eſt pas à portée de tout le monde : c'eſt un miroir immenſe qu'on n'élève qu'à force de machines; il était plus ſimple au Poëte philoſophe de fabriquer une foule de petites glaces portatives, où chaque vérité iſolée pût ſe réfléchir, & voilà comment Eſope fit ſervir le génie à la propagation de la vertu.

Malheureuſement cette philoſophie

d'Ésope n'était point franche comme celle d'un Socrate, ou d'un Marc-Aurele; devenu, dirai-je, le bouffon, dirai-je le favori de Crésus, il ne fit que l'enivrer d'un encens adulateur ; & Solon, le légiflateur d'Athènes, ayant eu le courage de parler devant lui à ce Prince avec le double courage d'un républicain & d'un philofophe : *Solon*, lui dit l'homme aux apologues, *il ne faut point approcher les Rois, ou ne leur dire que ce qui peut leur plaire.* —— *Tu te trompes*, répondit le fage, *il faut dire la vérité aux Rois, ou ne les point approcher.*

On prétend que les habitans de Delphes, bleffés des épigrammes d'Ésope, qui, fier de la protection des Rois, ne ménageait plus perfonne, cachèrent chez lui un vafe facré, pour avoir occafion de l'accufer de facrilège, & l'envoyer enfuite au fupplice.

Il eft inutile de s'arrêter fur les ouvrages de ce Fabulifte ; car les gens de goût fçavent par cœur fes chef-d'œuvres, puisqu'ils ont appris, sans le vouloir, les fables de la Fontaine.

L'élégie, ou l'homme passionné, expose, dans un récit d'une simplicité touchante, ses malheurs, fut originairement consacrée, ou à l'amour malheureux, ou à la mort. SIMONIDE, né dans une des Cyclades, s'y fit un nom. C'est au même écrivain que les anciens durent un poëme sur la bataille navale de Salamine, qu'on goûtait encore dans Athènes, après les belles descriptions de bataille qu'on lit dans l'Iliade.

La meilleure élégie qui nous reste des Grecs, est peut-être celle qu'Euripide a insérée dans son Andromaque.

Le poëme didactique a dû être un des plus anciens de la littérature Grecque, à cause des bornes étroites où il est circonscrit : quoique son sujet soit la nature entière, il ne se permet ni l'enthousiasme de l'épopée, ni l'éloquence patéthique du théatre : la fiction même en est bannie, à moins qu'on ne l'admette en épisode.

Cette simplicité fait qu'il y a eu des poëmes didactiques, avant des poëmes épiques & des tragédies. Aussi Hesiode, suivant l'histoire Grecque, est-il antérieur à Homère, qui a lui-même précédé de plusieurs siècles les Eschyle & les Sophocle.

Hesiode, dont la vie est si obscure, mais dont les ouvrages ont fait une si haute fortune, vers le tems de la décadence des Monarchies grecques, fut proprement l'Historien des fables religieuses de l'antiquité. Son poëme des *Travaux & des Jours*, sa *Théogonie* & son *bouclier d'Hercule*, forment une mythologie complette, mais qui a eu besoin, pour plaire aux peuples, qui n'adoraient ni le Saturne grec, ni le Jupiter, d'être embellie, plusieurs siècles après, par le pinceau brillant de l'Auteur des métamorphoses.

En général, les ouvrages d'Hesiode sont sans coloris ; il n'est Poëte que dans quelques détails : tels que la description

du combat des Titans , & celle de
la naiſſance de Typhon , qui peuvent
ſoutenir le parallèle avec les plus beaux
morceaux de l'Iliade.

D'HOMERE
ET DE L'ÉPOPÉE (a).

Tous les arts se tiennent comme étant également les rameaux d'un grand arbre. L'épopée tient, d'un côté, à la poésie lyrique, parce que, dans l'origine, on chanta l'Iliade, ainsi qu'une hymne de Callimaque, ou une ode d'Anacréon; elle tient, d'un autre côté, à la poésie dramatique, parce qu'au fond un poëme épique n'est autre chose qu'une grande tragédie, avec ses décorations & ses machines, dont l'action se passe dans l'imagination du lecteur.

______

(*a*) *Herod.* in vit. Homer. *Plutarch.* Oper. moral. passim. *Alex. de Paph.* in Eustath. *Elian.* hist. var. *Suidas*, Lexicon. Préface de l'*Homère*, de Pope. *Essai sur la Poësie épique*, de l'Auteur de la Henriade.

Les siècles éclairés se sont réunis à regarder le poëme épique comme le chef-d'œuvre de l'esprit humain ; & comme Homère en est le créateur , c'est dans l'histoire du Poëte qu'on trouvera celle de l'ouvrage.

Homère fleurissait, suivant la chronique de Paros, il y a environ vingt-sept siècles : s'il en fallait croire Alexandre de Paphos, un de ses premiers Historiens , sa nourrisse était une prophétesse ; des goutes de miel distillaient de son sein, quand elle l'allaitait. La première fois que l'enfant chéri du ciel fit entendre sa voix, elle parut réunir le ramage de neuf espèces d'oiseaux, & un matin on le trouva dans son lit, jouant avec neuf tourterelles. On se doute bien que tous ces contes ont été imaginés , non d'après sa vie, mais d'après sa renommée.

Sept villes se sont disputées l'honneur d'avoir donné naissance à ce grand homme ; mais il est probable qu'il naquit à Smyrne, & qu'il fut un enfant illégitime de l'amour : sa mère accoucha de lui sur les bords du fleuve Melès, ce qui lui fit donner le nom de Melesigènes ; car le nom d'Homère, qui en Grec signifie aveugle, n'est qu'une épithète, imaginée d'abord par le mépris, pour désigner sa cécité.

Melesigène, pauvre & aveugle, mais se consolant de tout avec son génie, alla quelque tems mendier son pain dans les sept villes, qui depuis ont fait son apothéose. Il paraît que Chio est celle où il trouva, de la part de la richesse superbe, l'accueil le moins humiliant ; car il s'y maria. On voit encore, à une lieue des environs de cette ville, & non loin du rivage de la mer, une espèce de bassin de vingt pieds de diamètre, taillé dans le rocher, & connu sous le nom d'*école d'Homère*. C'est sur ce plateau, disent les Insulaires, que le sublime aveugle rassemblait ses disciples, & leur déclamait les vers de son Iliade.

Homère voyagea beaucoup, avant de devenir aveugle. Auſſi ſa géographie n'eſt point erronnée, comme celle de Quinte-Curce, l'Hiſtorien d'Alexandre ; les Villes ſont ſituées, les montagnes s'élevent, les rivières ont leurs cours dans l'Iliade & dans l'Odyſſée, comme dans la nature.

Homère, à qui la lutte de ſon génie contre ſa pauvreté, permettait de n'être point modeſte, le fut cependant : on ne voit point, dans ſes deux Poëmes épiques, qu'il parle jamais ni de lui-même, ni de ſes ouvrages ; ſoit qu'il n'ait pas preſſenti toute ſa renommée, ſoit qu'il n'ait pas voulu humilier de ſa gloire future l'orgueil de ſes contem-porains.

Le plan de l'Iliade & de l'Odyſſée eſt ſûrement ſorti tout entier de la tête de ſon Auteur : ce ſont deux ſtatues trop belles, pour n'avoir pas été fondues d'un ſeul jet ; mais on ne connut d'abord ces Poëmes que par fragmens, tels que la mort de Dolon, l'épifode de Patrocle, la grotte de Calypfo & le maffacre des Amans de Pénélope : c'eft à Lycurgue que l'Europe doit d'admirer l'ordonnance générale de ces ouvrages ; le Légiflateur de Sparte les copia en entier de fa propre main, & les publia dans le Péloponèfe.

Quoique vingt-fept fiècles d'enthoufiafme foient, pour Homère, un fûr garant de fa gloire, & que fon génie embraffe le monde entier de fes rides vénérables, cependant on peut fe permettre, dans un âge de lumières, de jetter un regard appréciateur fur le culte qu'on lui adreffe, fans être coupable de facrilège.

Je ne parle point ici des fatyres violentes contre la perfonne d'Homère & fes ouvrages ; elles ne flétriraient que l'Ecrivain vil & jaloux qui oferait fe les permettre. Zoïle, qui a eu cette audace, n'eft parvenu à la poftérité qu'avec un nom couvert d'opprobre ; quoique cependant il ne méritât pas la mort pour ce crime littéraire, comme l'a dit Vitruve & comme l'a répété Boileau dans sa querelle contre Perrault & la Motte; car le culte d'Homère a toujours amené, dans ses adorateurs, un peu de fanatisme.

Mais après avoir déclaré qu'Homère, le plus grand des Poëtes connus, a non-seulement créé l'Epopée, mais encore l'Art poëtique : on peut, sans crime, ne pas aimer jusqu'aux défauts de l'Odyssée & de l'Iliade.

Le sujet de l'Iliade est la colère d'Achille ou plutôt les malheurs de l'armée des Grecs pendant son inaction : or ce sujet n'est point heureux; car un Héros qui n'agit pas, ne peut être le Héros d'un Poëme épique.

Ces batailles éternelles que l'Iliade nous retrace sans cesse, ont pu, comme l'a dit Voltaire, être du goût des contemporains d'Homère : les Grecs, que les Arts commençaient à peine à civi-

lifer, aimaient tout ce qui leur paraif-
fait terrible, comme les enfans ai-
ment les contes des forciers qui les
effrayent; mais les hommes des fiecles
de lumières ne font plus des enfans:
il eût été digne du Chantre immortel
d'Achille de chercher une fable d'une
utilité plus univerfelle, & de fe rendre,
par fon plan, le modele de toutes les
Nations, comme il l'eft déja par le génie
des détails.

L'ufage qu'Homère fait des machines
de l'Epopée, n'eft pas toujours digne d'un
Poëme regardé comme le chef-d'œuvre
de l'efprit humain : ces chevaux qui
parlent, ces Dieux que bleffe Diomède,
ce rire inextinguible qu'on prête aux
Habitans de l'Olympe à la chûte de Vulcain offenfent la fenfibilité de l'homme
de goût, à qui la magie du coloris n'en
impofe pas: il y a d'autres défauts de
bienféance poëtique bien plus grands
encore dans l'Odyffée ; mais il y aurait
de la dureté à s'appefantir fur ce roman en

vers, où on voit briller par intervalles un beau feu qui s'éteint, & fruit toujours étonnant de la vieilleſſe d'un grand homme.

Au reſte, combien toutes ces taches légères ſont effacées par les beautés innombrables qui étincellent dans les ouvrages du chantre d'Achille & d'Ulyſſe! Perſonne n'a mis plus d'art dans ſes récits, plus d'imagination dans ſes tableaux, n'a jetté plus de variété dans les deſcriptions naturellement monotones de ſes batailles. Tous ſes caractères ſont tracés & conſervés avec une vérité dramatique, qu'on ne peut ſe laſſer d'admirer ; il peint tout ce qu'il voit, & donne la vie à tout ce qu'il peint ; ſur-tout il conſerve la plus noble ſimplicité dans les plans, en réſervant toute ſa magnificence pour les détails ; &, à cet égard, on peut l'appeller le Peintre de la nature par excellence.

Ses tableaux mythologiques ont, en général, la plus grande fraîcheur. Il n'y a rien de plus ingénieux que fa ceinture de Vénus, ou fon idée des trois Graces, qui fervent la Déeffe de la beauté; il n'y a rien de plus fublime que le tableau de cette chaîne d'or avec laquelle Jupiter amène aux pieds de fon trône les hommes & les Dieux.

C'eft fur-tout par fa fublimité qu'Homère eft le Dieu de l'Epopée; décrit-il la marche d'une armée, c'eft *un vafte incendie qui chaffe l'univers devant lui*; fait-il mouvoir un Dieu, *il fait trois pas, & au quatrième il atteint les limites du globe.*

Ses vers dont l'ignorance ingénieufe des Perraut & des la Motte, n'a jamais pu fe former une idée, font un chef-d'œuvre d'harmonie imitative: il n'emploie aucune épithète, qui ne foit un tableau; on croit entendre dans l'*Einociphillos*, le murmure des vents, qui agitent la tige des forêts; on croit voir dans le *Korouthaiolos*, le mouvement du panache d'Hector, qui effraie le jeune

Aftyanax. Ce ftyle enchanteur que la langue Grecque fait fi bien valoir, fera toujours le plus grand mérite de l'Epopée. C'eft par lui qu'Homère eft le plus grand des Poëtes, & que Virgile, le premier de fes imitateurs, n'a peut-être pas encore été imité.

DE L'ORIGINE

DE L'ART DRAMATIQUE

CHEZ LES GRECS.

Le défœuvrement & l'ivreffe firent naître dans la Grèce les premiers hif-trions ; ils fe promenaient dans les villes avec leur théâtre ambulant , qui leur fervait de voiture , chantaient des couplets groffiers en l'honneur de Bacchus, &, à force de grimaces , attroupaient autour d'eux les paffans. Il y a loin de ce tabarinage à l'art des Sophocle ; mais qu'on fonge que fur ce fujet nous ne l'emportons pas fur les Grecs , & qu'il y a peut-être encore plus loin des myf-tères & des farces de la *Mere-fotte* , à *Britannicus* & au *Mifantrope*.

Ces charlatans font très-antérieurs à

Thespis (*a*), dont Horace fait le fondateur du théâtre : il en vint d'autres après eux , qui perfectionnèrent cet art informe , & qui subflituèrent à de froids impromptus des chœurs travaillés, dont les paroles puffent fe marier avec la musique enchanterefse de Terpandre & d'Arion ; Thespis , pour détruire la monotonie de ces chants , y mêla des récits faits par un feul acteur , & du monologue il n'y a qu'un pas pour arriver à la fcène ; mais ce pas , on fut plus de cent ans à le faire.

Un certain Phrynicus , difciple de Thespis, introduifit le premier des femmes fur le théâtre (*b*). On le condamna à une amende de mille drachmes , pour avoir fait jouer la *prife de Milet par Darius , Roi de Perfe ;* car un peuple fouverain reffemble à un defpote ; il ne fçaurait entendre des vérités dures ,

---

(*a*) Platon , *Dialogue de Minos.*
(*b*) Elien , *Hift. Div.* lib. III. cap. 8.

même de la bouche d'un Poëte , qu'il regarde cependant comme un être fans conféquence.

Cherilus, qui vint après Phrynicus, compofa cent cinquante Tragédies, dont il ne nous refte que le nom d'une feule (*a*); c'eft ce Cherilus qui inventa les habits de théâtre : il habilla fes acteurs, ce qui était toujours un mérite dans un fiècle où on ne fçavait pas les faire parler.

(*a*) *Alope* , fille de Cercyon , & maîtreffe de Neptune ; fon hiftoire n'eft pas une des moins obfcures de la Mythologie.

D'ESCHYLE,

LE PERE DE LA TRAGÉDIE.

ENFIN Eschyle vint, & ce grand homme inventa la scène, intéressa le chœur à l'action (*a*), trouva les trois unités, & donna ainsi un habit décent à Melpomène.

On ne sçait pas assez que cet Eschyle,

____

(*a*) Boileau dit, *Art Poëtic.* ch. 3.

Sophocle enfin, donnant l'essor à son génie,
Accrut encor la pompe, augmenta l'harmonie,
Intéressa le chœur dans toute l'action, &c.

Je laisse là le mot de *toute* dans le troisième vers, qui ne s'y trouve que pour former un pied; mais le Poëte a tort d'attribuer à Sophocle, ce qui appartient à Eschyle, de contredire Horace, & de falsifier l'histoire : on est doublement obligé à être juste, quand on critique ses contemporains.

quand même il n'eût pas été un grand
Poëte , aurait encore été un homme
célèbre ; disciple de Pythagore , homme
d'état , & guerrier magnanime , il fit
passer dans ses pièces le feu républicain
qui l'embrâsait ; il eut part à la législa-
tion d'Athènes , & , après avoir éclairé
sa patrie , il combattit pour elle à Platée,
à Salamine & à Marathon ; mais il en est
de ce grand homme comme de Cicéron ;
sa plume fit tort à son épée , & la postérité a oublié ses vertus militaires , pour
ne s'occuper que de ses ouvrages.

Eschyle , s'il en faut croire Suidas ,
composa 90 pièces de théâtre , & fut
couronné vingt-huit fois ; il nous reste
de lui sept Tragédies recommandables
par la simplicité de l'action , & par la
force du style ; ce qui ne serait pas un
grand mérite pour quelques nations
modernes , où on pardonne une diction
traînante , en faveur d'une intrigue
louche & compliquée.

Aristote a jugé Eschyle ; les Latins ont

répété le jugement d'Ariſtote, & nous répétons ſans ceſſe le jugement des Latins. Ce n'eſt pas-là le moyen d'étendre la ſphère de nos connaiſſances : eſſayons du moins de placer ce Poëte ſous un nouveau point de vue, puiſqu'il ne nous eſt pas permis de changer de téleſcope.

Parmi les ſervices qu'Eſchyle rendit à l'art dramatique, il faut compter les idées qu'il donna pour augmenter la magnificence du ſpectacle ; c'eſt lui qui forma Agatharque, décorateur célèbre, qui écrivit ſur l'Architecture ſcénique ; perſuadé que les yeux du ſpectateur devaient partager l'illuſion de ſon eſprit, il voulut que ſa ſcène fût vaſte, qu'elle parût décorée avec goût, & qu'on pût y voir voler des chars, débarquer des flottes, & manœuvrer des armées.

Quoique le ſpectacle le plus brillant ne vaille pas quatre vers de génie, cependant on doit ſçavoir gré à Eſchyle, en imaginant des pièces nationales, d'avoir travaillé à la fois pour l'eſprit des gens de goût, & pour les yeux de la multitude : il eſt vrai que ce Poëte, dans ſes pièces à perſonnages allégoriques, dut ſe trouver dans un grand embarras ; prenons pour exemple ſon Prométhée.

La ſcène repréſente une vaſte ſolitude, bornée par le mont Caucaſe. Vulcain faⅰt attacher le Héros ſur un rocher avec des chaînes de diamant, & enfonce un coin aigu dans ſa poitrine ; l'infortuné, au lieu de fléchir Jupiter, blaſphême contre lui ; alors la terre tremble ; des nuages de pouſſière s'élèvent dans l'air ; on entend le ſifflement des vents qui ſe déchaînent ; l'atmoſphère ſe remplit de feux ; le tonnerre éclate, & la diſcorde des élémens menace la nature de la replonger dans la nuit du cahos (*a*).

____

(*a*) Cette deſcription n'eſt point des ſcholiaſtes : elle eſt tirée preſque mot pour mot de la pièce Grecque. Voyez la première ſcène du premier acte, & la dernière du cinquième.

Les Commentateurs, qui expliquent des anciens ce que tout le monde fçait, & qui fe taifent prudemment fur ce qu'on ignore, n'ont point fait de remarques fur ces prodiges de l'ancienne méchanique ; cependant il ferait bien utile pour le progrès des arts, de deviner quelle était la compofition de ces feux d'artifice, dans un tems où la poudre n'était pas connue ; de faire entendre comment on peut peindre un tremblement de terre, & fur-tout d'expliquer le méchanifme de la difcorde des élémens.

Ces éclairciffemens feraient d'autant plus néceffaires, qu'il paraît démontré que tout s'exécutait en grand fur le théâtre d'Athènes : les colonnes des temples étaient du plus beau marbre de Paros ; des bataillons entiers faifaient leurs évolutions fur la fcène, & on comptait jufqu'à cinquante Furies, qui dormaient autour d'Orefte, dans la tragédie des *Euménides.*

L'habillement des acteurs du Prométhée contribue encore à la difficulté du
problème. D'abord le Héros de la pièce
était un Dieu, qui ne fut puni de Jupiter
que pour avoir civilisé les hommes ;
comment le philosophe Eschyle pou-
vait-il peindre un Dieu ? Quand il aurait
donné à l'acteur des échasses de six
pieds (*a*), il en aurait bien fait un géant,
mais non pas une intelligence supérieure
à l'homme. Ne perdons pas de vue que
le Poëte était disciple de Pythagore, &
qu'il avait, parmi ses spectateurs, des
Sages de la Grèce, & tout l'Aréopage.

Le chœur de Prométhée est composé
de Nymphes de l'Océan qui viennent,
à demi-nues (*b*), sur un char aîlé ; les

(*a*) Je suppose qu'il est possible d'observer le
reste des proportions : par exemple, de donner
à Prométhée une tête analogue à une taille de
douze pieds.

(*b*) Il y a dans le Grec Ἀπέδιλος, sans chauf-
sure : en Espagne & à la Chine, cela équivau-
drait à une nudité.

Grecs avaient-ils des Vaucanfon qui exécutaffent de pareilles machines fans le fecours des cordes & des contrepoids ? Comment peignait-on une divinité des eaux ? Comment, fur-tout, la repréfentait-on fans chauffure, fur un théâtre confacré à la décence, & où on fut même très-longtems fans introduire des femmes ?

L'Océan paraît, dans le fecond acte i *fur un quadrupède léger qui fecoue impatiemment fes aîles*. Les Poëtes qui peignent les Nymphes avec des cheveux treffés de rofeaux, n'avaient pas ofé, du tems d'Efchyle, habiller l'Océan ; comment l'auteur de *Prométhée* figura-t-il un élément qui embraffe les trois quarts du globe ? Comment fur-tout le figura-t-il monté fur un quadrupède léger ? Enfin, quel était ce quadrupède ?

Dans le quatrième acte, on voit paraître Io, cette fille d'Inachus, dont Jupiter eut les faveurs, & qu'il changea enfuite en geniffe, pour la dérober au courroux de Junon. M. Dacier, un des Commentateurs qui a le plus défriché les landes de l'antiquité, affure qu'elle parut fur le théâtre dans la pièce d'Efchyle, fous la figure réelle d'une geniffe (*a*) ; il dut paraître très-extraordinaire aux Athéniens, de voir ce quadrupède parmi les acteurs de *Prométhée*, de l'entendre parler en Grec, & fur-tout de l'entendre parler à des Dieux.

Enfin, Vulcain, le bourreau de Prométhée, n'eft que le fatellite de deux êtres allégoriques, qui font la *Force & la Violence* ; c'eft par leur ordre qu'il fufpend Prométhée à un rocher du Caucafe, qu'il le lie avec des chaînes de diamant, & qu'il enfonce un coin dans fa poitrine. Comment caractérifer aux

______

(*a*) Le P. Brumoi & M. de Pompignan prétendent que cette Nymphe ne fe montrait fur la fcène, qu'avec un vifage défiguré & des cornes de geniffe ; mais on fçait qu'ils ont traduit Efchyle avec plus d'élégance que de vérité ; encore paffent-ils à M. Dacier les *cornes*.

yeux des gens de goût la Force & la Violence ? Il eſt très-difficile à un Peintre de les deſſiner, à plus forte raiſon à un Poëte de les faire mouvoir.

Il y a un autre genre de ſpectacle dans la Tragédie des Eumenides, qu'on regarde comme le chef-d'œuvre d'Eſchyle ; il en place cinquante ſur la ſcène, toutes endormies, mais tenant d'une main un flambeau qui jettait une lueur pâle & tremblante, & de l'autre, un fouet treſſé avec des couleuvres ; au milieu de leurs ronflemens ſiniſtres, paraît l'ombre de Clytemneſtre, qui les évoque contre ſon fils Oreſte, & au moment où elle s'écrie :

De ce ſommeil de mort, que ma voix vous
    délivre,
Que le traître vous voie, & qu'il ceſſe de vivre ;
Faites-lui reſpirer votre ſouffle enflammé !
Que des feux dévorans qu'exhalent vos en-
    trailles,
Mes yeux puiſſent le voir lentement conſumé ! …
On m'exauce…. un bruit ſourd agite ces mu-
    railles…..

Dans ce moment terrible , dis-je , les Euménides se réveillent, & se répandent sur la scène, en faisant siffler leurs serpens & étinceler leurs flambeaux. Ce spectacle terrible , ainsi que nous l'avons déjà dit , fit avorter des mères & mourir des enfans.

Ce tableau suffit pour donner l'idée du caractère d'Eschyle. Ce Législateur du théâtre Grec , né avec une imagination vive , une ame sensible & un génie brûlant , porta tout d'un coup à sa perfection le grand ressort dramatique de la terreur ; les deux derniers actes d'*Agamemnon* , le quatrième des *Coëphores* , & toute la Tragédie des *Euménides* , semblent écrits avec des caractères de sang ; on dirait que Minos avait nommé Eschyle le Poëte des ombres , pour augmenter , s'il était possible, l'épouvante & les supplices des Enfers.

Malheureusement , les idées terribles lassent à la longue , à moins qu'on ne ménage entr'elles quelques repos : tel fut auſſi l'art d'Eſchyle ; on voit qu'il met ſans ceſſe à côté des images terribles, des idées ſimples, qui en détruiſent la monotonie ; il s'abandonne quelquefois à ſon imagination déſordonnée mais il revient bientôt au ton de la nature : ſon ſtyle de tems en tems eſt guindé, mais il n'eſt jamais barbare ; en général, malgré ſes défauts, le Légiſlateur du théâtre Grec fut un homme de génie ; & la nature ne forme pas dans un ſiècle deux hommes tels que lui : ce grand homme le ſçavait bien ; auſſi, quand, tourmenté par la jalouſie, qui pardonne quelquefois aux vertus obſcures, mais jamais aux grands talens, il ſe vit arracher des couronnes qu'il croyait avoir méritées, il ſourit ſur ſon ſiècle, & dit avec fierté, qu'il n'avait écrit que pour la poſtérité (a).

Euripide & Sophocle ſont venus, ils ont fait de meilleures Tragédies qu'Eſ-

---

(a) Athen. *Deipnoſoph.* lib. 8.

chyle, mais ils n'ont pu le faire oublier, parce que la carrière où ils marchaient, était encore empreinte des pas du génie, tracés par leur prédécesseur ; il était en effet bien plus difficile de s'élever des parades de Thespis au ton des *Euménides*, que de partir des *Euménides* pour faire *Phédre* ou *Philoctète* ; voilà pourquoi la personne de Corneille est peut-être au-dessus de celle de Racine ; quoiqu'on ne puisse rien comparer à *Iphigénie*, à *Athalie* & à *Britannicus*.

DE SOPHOCLE.

SOPHOCLE était guerrier comme Efchyle : il commanda même une armée avec Périclès (*a*) ; dans cet âge d'or des anciennes Républiques, un guerrier ne croyait pas plus fe dégrader en faifant des vers, qu'un Poëte en fervant fa patrie : un Poëte alors & un Guerrier font également refpectables. Dans les états qui tendent au defpotifme, l'un proftitue fon épée, & l'autre fa plume à la défenfe d'un tyran ; alors l'homme de bien s'indigne du nom de foldat, & rougit à celui de Poëte.

Sophocle compofa cent Tragédies, dont il ne nous refte que fept ; *Antigone, Œdipe à Colonne,* les *Trachiniennes, Philoctète, Œdipe Roi, Electre,* & *la mort*

_____

(*a*) Strabo. *Géograp.* lib. XIV.

d'Ajax ; on le couronna vingt-trois fois, & il eut même, dirai-je la gloire, dirai-je la dureté, de triompher plusieurs fois d'Eschyle, qu'il eût été si beau de vaincre par ses ouvrages plutôt que par ses couronnes.

La vieillesse de ce beau génie fut plus glorieuse que celle du Législateur du théatre Grec : ses enfans ayant eu l'ingratitude de l'accuser de démence devant les Tribunaux d'Athènes, le Poëte outragé, au lieu de faire son apologie, lut à ses Juges sa Tragédie d'*Œdipe à Colonne*, qu'il venait d'achever (*a*) ; ce trait de lumière éclaira l'Aréopage, & Athènes ne vit plus de démence que dans l'esprit de ses accusateurs.

Sophocle est, après Homère, le Poëte Grec qu'ont le plus étudié les grands hommes du siècle d'Auguste & de Louis XIV : son génie respire dans les Œuvres philosophiques de Cicéron, & dans les

______

(*a*) Cicer. *de Senectut.* cap. VII.

Odes d'Horace ; Boileau le fçavait par cœur , & prefque toute la Tragédie de *Philoctète* eſt fondue dans une épiſode de notre Télémaque.

Racine qui admirait d'autant plus So-phocle , qu'il était plus plein de ſa lec-ture , eut la foibleſſe de ſe croire infé-rieur à ce grand homme , & n'oſa refaire aucune de ſes Tragédies : il eſt ſingulier que le créateur des rôles d'*Acomat*, d'*Athalie* & de *Britannicus* , ne ſe ſoit pas cru en état de rendre , d'après les Grecs , ceux d'*Ajax* , d'*Œdipe* & de *Philoctète*.

Œdipe a toujours paſſé dans l'antiquité pour le chef - d'œuvre de Sophocle ; Boileau ne put jamais engager Racine à traiter ce ſujet ſimple & ſublime ; le grand Corneille le traita & y échoua ; ce triomphe était réſervé à un Poëte de dix-huit ans ; le jeune Athlète parut ſur la ſcène , ſon *Œdipe* à la main : alors la France ſe conſola de la mort de Cor-neille , & l'Europe eut un Voltaire.

Pour faire connaître les beautés ſimples

& touchantes de l'*Œdipe Grec*, il faut renvoyer les gens de goût au seul *Œdipe* qui foit refté fur le théâtre Français ; il faut lire fur-tout le quatrième acte de cette belle Tragédie ; & s'il fe trouvait un homme qui ne fe fentît pas ému par le tableau déchirant qu'il préfente ; s'il n'admirait pas ce fublime qui naît, non de l'emphafe des mots , mais du fimple développement d'une action ; qu'il ne life ni Sophocle , ni cette Hiftoire de la Grèce , nous parlons une langue qu'il n'eft pas à portée d'entendre.

Sophocle , né avec autant de génie qu'Efchyle , eut un goût bien plus épuré ; perfonne n'a été plus heureux que lui dans le choix de fes fujets , & dans l'art de les expofer. Il faut voir dans fes chef-d'œuvres , avec quelle adreffe il fçait épaiffir d'un côté le voile qui couvre fon intrigue , tandis que de l'autre il le déchire ; avec quelle intelligence il fait reffortir fes caractères , & par quel fil magique il conduit fes fpectateurs , de

furprife en furprife, jufqu'au dénouement.

Mais ce qui met ce grand homme au-
deffus de fes rivaux, c'eft la nobleffe &
l'harmonie de fa diction : il eft avec Homère, Virgile & Racine, l'homme de
génie qui a le mieux réuffi dans la Poëfie
de ftyle ; fes vers font fur les oreilles
poëtiques, le même effet que produi-
raient fur des oreilles muficiennes, les
plus beaux Adagio de Traëtta, de Pic-
cini & de Jomelli, & malheur à l'homme
de goût qui n'en ferait pas convaincu
par lui-même, avant la lecture de cet
Ouvrage !

DE LA PHILOSOPHIE

D'EURIPIDE.

ESCHYLE était guerrier, Sophocle homme d'Etat, Euripide fut peut-être quelque chose de plus : il devint philosophe. On sçait que ce nom est consacré pour désigner l'homme de Lettres qui a du génie & de la vertu.

Ce fut Anaxagore qui fut le maître d'Euripide (*a*) ; il chercha à inculquer dans l'esprit du jeune Poëte, & ses grandes vérités de morale, & ses erreurs

______

(*a*) Euripide fut d'abord si enthousiaste de la philosophie, que, ne pouvant acheter les écrits mystérieux & sublimes d'Héraclite, il s'avisa de les apprendre par cœur. ═ Racine apprit aussi le roman de Longus, pour tromper la vigilance de Port-Royal. ═ Le génie est toujours plus fort que les obstacles.

de physique ; les vérités germèrent, mais les erreurs disparurent ; Euripide, par exemple, se convainquit, en fréquentant le philosophe, que la machine compliquée de l'Univers ne pouvait être gouvernée que par une intelligence suprême ; mais il oublia bientôt que les cieux étaient de pierre, & que le soleil était une masse de feu grosse comme le Péloponèse.

L'exil d'Anaxagore força le jeune prosélyte de la philosophie à tourner ses talens du côté du théâtre ; mais ses grands principes ne varièrent jamais ; on voit à chaque instant, à la lecture de ses Tragédies, des traits lumineux qui décèlent un *Sage* ; la morale la plus pure respire dans ses Poëmes ; aussi, Socrate, l'ennemi des spectacles, n'y manquait point, quand on jouait les drames d'Euripide : il retrouvait son ame dans celle du Poëte, & son génie dans ses vers.

Des sectaires, de nos jours, ont voulu bannir la philosophie du théâtre ; s'ils entendent par-là les froides sentences d'un pédant qui disserte, & cette méthode géométrique qui flétrit l'imagination & anéantit la belle Poësie, ils ont raison ; mais un Poëte, ainsi caractérisé, n'a que les livrées de la philosophie, il n'est pas Philosophe.

Le Poëte philosophe est celui qui, ayant médité long-tems les grandes vérités de la nature, s'est fait une ame forte dont rien ne peut affaiblir l'énergie ; cette ame respire dans des vers que le goût a dictés ; elle s'y réunit avec cette douce sensibilité qui fait vivre tous les ouvrages de génie ; c'est-là qu'on instruit sans prétention, qu'on éclaire sans pédantisme, & qu'on répand les principes éternels de la morale, sans montrer avec faste la mine féconde d'où on les a tirés ; c'est avec de tels ouvrages qu'on épure le théâtre pour les gens de Lettres, & qu'on brise, chez le peuple, le talisman qui semblait y éterniser le fanatisme & la crédulité.

Sans le vouloir, j'ai fait le portrait d'Homère, un des philosophes qui a le plus parlé au cœur humain ; tel a été Euripide ; tel a été encore l'homme de génie qui a crayonné, de nos jours, l'ame sublime & atroce de Mahomet, & qu'on pourrait appeller le Poëte des Philosophes.

Le philosophe Euripide composa soixante & quinze Tragédies ; on nous en a conservé dix-neuf ; leur lecture réfléchie annonce que l'Auteur a été peut-être le plus théâtral de tous les Poëtes dramatiques ; personne, dans l'antiquité, n'a connu le cœur humain comme lui, & n'en a fait mouvoir les ressorts avec plus d'adresse ; Racine, le Poëte qui à cet égard en a le plus approché, semble avoir moins étudié le cœur humain, que le cœur des femmes ; cependant il y a peu de pièces dans l'antiquité, qu'on puisse mettre au-dessus de notre Iphigénie & de notre Britannicus.

Maintenant que le caractère poëtique

des trois tragiques Grecs nous eſt connu, ſi on revient ſur ſes pas pour s’arrêter ſeulement ſur leurs perſonnes, on y trouve des rapports qui peuvent avoir influé ſur le caractère de leurs écrits, & ſur le jugement qu’en a porté la poſtérité.

Tous les trois naquirent avec des talens étrangers au théatre ; mais des circonſtances particulières les entraînèrent dans la carrière dramatique ; ſans cela, qui ſçait ſi ces hommes de génie ne ſe feraient pas créés une autre célébrité ? L’un aurait été, peut-être, le Solon de ſa patrie, l’autre ſon Thémiſtocle, & le Philoſophe aurait fait ſecte.

Tous les trois furent plus honorés chez les étrangers, que dans leur patrie. Sophocle fut recherché par tous les Rois de la Grèce & de l’Aſie mineure. Eſchyle devint l’ami d’Hyeron, & Euripide le premier miniſtre d’Archelaüs. Chez nous le grand Corneille a vécu dans l’indi-

gence ; Racine eſt mort de chagrin d'a-
voir déplu à un deſpote, & les derniers
regards de Voltaire n'ont vu qu'un
moment le théatre Français, dont il a
fait la gloire. Obſervons encore que, de
ces trois grands hommes, le dernier eſt
le ſeul qui ſoit devenu l'ami des Rois.

Tout enfin, juſqu'au genre de mort,
ſemble rapprocher les trois Tragiques
de la Grèce ; Eſchyle mourut de la
chûte d'une tortue qu'un aigle laiſſa
tomber ſur ſa tête ; Sophocle fut étouffé
par un grain de raiſin, & Euripide fut
attaqué par des chiens furieux, qui le
dévorèrent. Leur fin par un haſard ſingulier, fut auſſi tragique que leurs ouvrages.

DU CARACTERE

DE LA TRAGÉDIE GRECQUE.

LA tragédie Grecque naquit dans une République; par conséquent l'amour de la liberté dut en être la base; aussi les premiers Poëtes dramatiques tonnèrent contre l'inégalité, & devinrent les fléaux des Rois.

Tout, jusqu'aux spectacles, prend à la longue la teinte des mœurs nationales; or, aucune ville, si vous en exceptez Rome, n'a porté plus loin qu'Athènes l'enthousiasme de la liberté; elle plaça au nombre des demi-dieux, les assassins des tyrans (a); Pline assure que les pre-

---

(a) Voilà pourquoi la Tragédie, dans le goût des anciens, n'a jamais pu plaire aux tyrans. Philippe II & Cromwel n'allaient point au spectacle : le Cardinal de Richelieu détestait pres-

mières ſtatues qui y furent érigées, furent celles d'Harmodius & d'Ariſtogiton.

Si la tragédie Grecque avait pu naître à la cour des Rois de Perſe, elle aurait pris bientôt toute la molleſſe des mœurs orientales ; elle aurait peint les intrigues d'un ſérail, ou l'utilité de l'eſclavage raiſonné des ſatrapes ; dès-lors les Poëtes, qui ſe ſont formés ſur les dramatiques d'Athènes, ne feraient plus que des *Bérénices ;* & les commentateurs, pour qui tout ce qui eſt Grec eſt divin, relegueraient parmi les genres monſtrueux, *Œdipe, Céſar*, & le chef-d'œuvre d'*Athalie.*

La grande erreur du peuple des gens de lettres a toujours été de dire : des hommes de génie, tels qu'Homère & Sophocle, ont fait l'*Iliade* & *Œdipe* : donc on ne peut rien mettre au-deſſus

qu'autant Corneille que Marillac ou Montmorenci.

d'*Œdipe* & de l'*Iliade*. Un homme de goût, je crois, forme un raisonnement bien plus utile au progrès des arts, quand il dit : admirons Sophocle & Homère, mais jugeons *Œdipe* & l'*Iliade*.

On sent assez que cette vigueur républicaine, qui caractérise les pièces d'Athènes, suffit pour expliquer pourquoi les Poëtes en bannissaient l'amour; il était difficile qu'on pût plaire à un peuple, qui n'avait que la passion des grandes ames, en mettant des églogues amoureuses dans la bouche de ses Héros; les intrigues petites & froides de la galanterie, ne pouvaient atteindre à la hauteur de l'ame des Miltiade & des Thémistocle.

De plus, c'étaient les hommes qui dominaient aux spectacles de la Grèce; & on s'empresse peu de peindre les femmes, quand le suffrage de cette charmante moitié du genre humain n'entraîne pas celui de l'autre.

Il y a même des villes de la Grèce, où une tragédie roulant fur l'amour, eût été le comble de l'abfurdité : qu'à Sparte , par exemple, où les femmes étaient communes , on tranfporte un Poëte tel que Racine; qui pourra, je ne dis pas juger des pièces, mais feulement les entendre ? Sont-ce des hommes accoutumés à regarder l'amour comme un befoin des fens, & non comme une jouiffance de l'ame? — Pour les femmes, on fçait qu'à Sparte elles étaient hommes.

Peut-être même que l'auteur d'*Andromaque* n'eût pas été en fûreté chez les concitoyens de Lycurgue ; les Ephores , accoutumés au laconifme, n'auraient pas regardé de bon œil la rédondance harmonieufe du ftyle de Racine ; & des périodes poétiques qui nous enchantent, auraient bien pu paffer pour un crime d'état, chez un peuple qui ne parlait que par monofyllabes.

Il ne faut pas croire cependant que

l'amour considéré comme une grande faiblesse, combattu par de grands remords, & devenu le mobile des grands événemens, n'ait quelquefois été admis sur la scène des Grecs. Euripide composa *Phèdre*; & cette tragédie n'éprouva pas, sur le théâtre d'Athènes, la chûte que celle de Racine essuya sur le nôtre; mais l'amour, dans les pièces Grecques, joue le premier rôle, ou ne paraît point du tout: on le croyait déplacé, dès qu'il ne mena·t point à la terreur; c'était un géant qui aiguisait le poignard de Melpomène, & non un enfant énervé qui jouât autour de la ceinture de Vénus.

Ce qui distingue encore essentiellement la scène Grecque de la nôtre, c'est que les pièces de Sophocle étaient un spectacle national, au lieu que chez nous le théâtre n'est que l'amusement d'environ douze cens personnes, parmi lesquelles il n'y a pas quatre cens Juges; car il ne faut pas mettre dans ce nombre

des Seigneurs blasés, de jolies femmes
qui vont dans leurs loges arranger des
soupers, & des gens de lettres jaloux,
qui voudraient envier à toute pièce
qu'ils n'ont pas faite, un jour même
d'existence.

On sent assez qu'une tragédie nationale, ne doit pas être jetée dans le même
moule qu'une pièce qui n'est faite que
pour quatre cens personnes ; il faut,
dans la première, un grand intérêt, une
action menée vivement, & des tableaux
pathétiques : on doit sur-tout flatter le
goût dominant de ses concitoyens : voilà
ce que les Grecs ont fait ; & cette obser-
vation devrait suffire pour nous faire
récuser en qualité de leurs Juges ; car
une tragédie d'Athènes, à certains
égards, est peut-être aussi éloignée de
nos mœurs théatrales, qu'une chanson
Caraïbe l'est des odes d'Anacréon.

Au reste, nous écrivons l'histoire de
l'art & non le panégyrique des Artistes.
La tragédie Grecque eut des défauts

fans doute, & quand on a eu l'adreffe de les découvrir, il faut avoir le courage de les expofer.

Les premières tragédies qu'on joua fur des treteaux ambulans, n'eurent point d'expofition, & on y fuppléait par l'artifice des prologues; il était fi aifé de mettre ainfi les Spectateurs au fait de fon fujet, que les plus grands Poëtes fuivirent quelquefois le torrent de l'ufage; ceux même qui les fupprimèrent, ne franchirent pas pour cela tout à-fait la barrière placée par le mauvais goût; & il y a des tragédies d'Éuripide, où l'expofition eft faite avec fi peu d'adreffe, qu'il n'y a d'autre différence que le nom, entre la première fcène & un prologue.

A voir en Philofophe la fcène Grecque, il me femble que le plus grand défaut qu'on puiffe lui reprocher, c'eft d'avoir fouvent manqué le but moral de la tragédie. Voyez les fujets de *Prométhée*, de *Médée* & d'*Œdipe*; comme le dogme affreux de la fatalité y pervertit les Héros & les fpeétateurs ! comme la volonté de Dieu y paraît bizarre, injufte & cruelle, & comme l'infortune n'y eft jamais que l'apanage de la vertu ! Si toutes les tragédies de l'antiquité avaient la même bafe, croyez-vous que Platon aurait eu tort de bannir les Sophocle de fa République ? N'eft-il pas plus effentiel à un légiflateur que fon peuple foit bon, qu'il ne l'eft qu'il s'amufe ?

Il me femble que les Grecs ont quelquefois abufé du grand reffort de la terreur; Hippolyte brifé par fa chûte, qui vient fur la fcène faire le dénombrement de fes bleffures; Prométhée qui eft crucifié fur le Mont-Caucafe ; les Furies réveillées par l'ombre de Clytemneftre, qui font fiffler les ferpens de leur chevelure, forment peut-être des tableaux trop révoltans : il n'y a qu'un pas de-là aux fpeétacles d'échafaud.

En général on remarque chez les anciens, une nuance trop faible entre le genre de la tragédie & celui de la comédie ; les Héros y ont quelquefois le langage de la populace : au reste, ce défaut fait l'éloge des mœurs antiques ; qu'on songe qu'alors tous les ordres de la société étaient plus rapprochés ; qu'un laboureur était un homme tout comme Thémistocle & Alcibiade, & qu'on voyait à la même fontaine qui blanchissait les robes des citoyennes, une paysanne & la princesse Nausicaa.

On pourrait aussi reprocher aux tragédies Grecques, les longues harangues de leurs personnages, qui, fondues dans le même moule que celles des orateurs, ont ordinairement un exorde en règle, un récit & une peroraison ; mais c'est peut-être encore le défaut du siècle, bien plus que celui des Poëtes ; à Athènes, où l'éloquence menait à tout, l'art oratoire devait être le premier des arts, & dès-lors communiquer à la poésie une partie de son caractère. Est-ce bien à nous à apprécier les harangues des Sophocle & des Homère : à nous, efclaves énervés, qui n'avons point de caufes nationales , & qui réfervons l'éloquence pour de vaines oraifons funèbres (*a*)?

Après avoir vu en quoi les Grecs pouvaient avoir bleffé les bienféances théatrales, voyons en quoi ils pourraient être nos modèles.

Les Héros Grecs agiffent d'une manière terrible , & difent quelquefois des chofes communes; cela vaut encore mieux que les perfonnages de nos tragédies , qui difent de grands mots, & qui ne font rien.

La terreur de la fcène Grecque manque en général à la nôtre ; & *Rodogune ,* *Phèdre* & *Mahomet ,* n'ont pu empêcher

____

(*a*) Croyez-vous que chez les Grecs ou chez les Romains , l'Auteur des Eloges de Sully , de Defcartes , de d'Aguefſeau & de Marc-Aurèle né avec tant de talens & une fi belle ame , fe fût borné à louer des morts , pour être couronné par une Académie ?

le peuple de nos dramatiques, de rimer des églogues.

A Athènes, une pièce dont l'action était simple, conduisait au dénouement le plus pathétique ; à Paris, l'entassement des coups de théatre, & le fracas des événemens, mènent trop souvent à un dénouement de comédie.

Pourquoi ne prendrions-nous pas des Grecs leur manière de traiter l'amour, ces transports, ces fureurs, ce délire brûlant des Phèdre & des Médée, auxquels nous avons substitué de petites jalousies, de froides ruptures, & des raccommodemens de comédie ?

Je regrette beaucoup qu'on ait retranché le chœur de la tragédie. Dans celle dont le but moral serait manqué, ce serait toujours l'honnête homme de la pièce ; sa présence rendait plus vraisemblables les monologues, & il formerait de tems en tems des scènes muettes qui augmenteraient le pathétique des situations ; enfin, il empêcherait que le spectateur ne se réfroidît dans le vuide des entr'actes, & il sauverait l'absurdité qui résulte d'un grand intérêt, croissant de scène en scène, & qui se trouve coupé quatre fois par des airs de violon.

Je voudrais aussi qu'on empruntât du théatre d'Athènes, une partie de son spectacle; je dis une partie, car son peuple sacrifiait quelquefois jusqu'à la substance de l'Etat, à son goût effréné pour ce plaisir. Le sage Plutarque prétend qu'il en a plus coûté aux Archontes de cette ville, pour faire jouer *Médée*, ou les *Bacchantes*, que pour défendre leur liberté contre les Barbares; &, en vérité, un Gouvernement où on préfère au salut public de vaines décorations de théatre, est à la fois bien ridicule & bien près de sa décadence.

Cependant, en donnant à la scène Française la majesté qu'exige un pareil spectacle, il ne faut jamais perdre de vue que des décorations relèvent bien de bonnes pièces, mais ne les font pas faire ; que le plus brillant péristyle de Servandoni, ne donne point le coloris qui manque à une tragédie, & que l'homme de goût quitterait même le Colisée de Rome, où on ne jouerait que de froids *oratorio*, pour aller entendre sur des treteaux quelques scènes de Corneille.

DE LA COMÉDIE
GRECQUE.

L ES Grecs ont donné aux hommes l'Epopée; il leur ont ouvert la carrière de la tragédie; ils leur ont appris dans l'ode à marier la double modulation de la mufique & des vers, mais ils n'ont point eu de comédie.

La comédie eft l'art de faifir un ridicule théatral pour le corriger; mais lorfque l'art dramatique prit naiffance en Grèce, les mœurs n'y étaient pas affez dégradées, pour que le Poëte comique eût occafion d'aiguifer fon ftilet. Le luxe dépravateur qui multiplie les originaux dans les grandes fociétés, n'était pas encore connu dans les Métropoles du Péloponèfe. On y rencontrait des vices fortement prononcés, mais point de ridicules.

Le berceau de l'art dramatique a été probablement le même, pour la tragédie & la comédie ; c'eft ce chariot de Thefpis, monté par des Vendangeurs barbouillés de lie, d'où tantôt l'on chantait les Héros & tantôt l'on difait des injures en paffant. Epicharme & Phormis en Sicile, ennoblirent un peu ces parades burlefques, en fubftituant un théatre fixe aux treteaux ambulans de Thefpis; enfuite Cratès, dans Athènes, épura le dialogue des Vendangeurs barbouillés de lie; & au lieu de leur faire infulter, la populace, il leur mit dans la bouche des injures polies, contre les premiers de la République.

A cette époque, Efchyle créait une tragédie nationale : Homère, dont le génie femblait avoir tout deviné dans les beaux arts, avait laiffé un drame, fous le titre de Margitès, modèle de toutes ces farces fatyriques d'Ariftophane, que nous avons honorées du nom de comédies; cependant l'art de

corriger le ridicule par le tableau dramatique du ridicule, ne faifait pas un
feul pas dans la Grèce ; il femblait que
le terroir n'était pas propre à féconder
le génie d'un Terence, ou d'un Molière.

L'opinion publique ne contribua pas
peu à décourager l'art naiffant ; l'homme
d'état ne trouvait pas un grand mérite
politique, ni l'homme de goût un grand
talent littéraire à dire des injures fous la
forme de dialogues : auffi tandis que la
tragédie, encouragée par le Gouvernement, était écrite par des mains qui
gagnaient des batailles ; la comédie fe
traînait obfcurément, dirigée par des
Bouffons de la lie du peuple. Le difcrédit
alla au point qu'il exifte une loi d'A-
thènes, qui, pour conferver l'honneur
des Juges de l'aréopage, leur défend de
faire des comédies.

Les Ecrivains qui veulent, à toute
force, que la Grèce ait eu une vraie
comédie, la divifent en *ancienne, moyenne*

& *nouvelle*, foit à caufe de fes différentes époques, foit par rapport aux diverfes modifications qu'elle effuya, lorfque la loi mit des barrières à l'impudence des Cratinus & des Ariftophane.

L'ancienne comédie mettait la fatyre même en action, c'eft-à-dire qu'elle dévouait un ridicule des perfonnages connus qu'elle introduifait fur la fcène, & qu'elle nommait. Le Gouvernement profcrivit une pareille licence. Alors le Poëte fubftitua aux vrais perfonnages, des mafques, qui les repréfentaient avec la plus grande fidélité, & quoique, fous un nom étranger, il les défigna fi bien, que le public malin, les nommait en les voyant. D'autant plus fûr alors, dit l'ingénieux Auteur de Bélifaire, d'être applaudi, qu'en repaiffant la malice des fpectateurs, par la noirceur de fes portraits, il ménageait encore à leur vanité le plaifir de deviner les modèles ; telle fut la Comédie moyenne, & c'eft entre elle & la Comédie ancienne, que

la farce des nuées prépara le supplice de Socrate.

Athènes, privée du plus grand de ses citoyens, sentit la nécessité de mettre un nouveau frein à l'insolence de ses Poëtes. Elle avait déjà défendu les vrais noms, elle proscrivit les sujets véritables ; alors l'art fut circonscrit dans ses justes limites ; il se borna à la peinture générale des mœurs, voilà ce qu'on appella la Comédie nouvelle, où se distingua Ménandre, & la seule qui mérite le nom de Comédie.

MÉNANDRE, le seul Poëte comique Grec, que nous citerions dans l'histoire de l'art, si nous avions ses ouvrages, était né à Athènes, & fleurissait vers la cent quinzième Olympiade. On dit qu'il était louche, mais d'un commerce si aimable, par la finesse de son esprit, & par l'aménité de ses mœurs, que les femmes le prenaient pour un second Alcibiade. Il composa quatre-vingt Comédies, que Térence, le seul Poëte dramatique de Rome qui ait eu du goût, traduifit toutes ; les originaux Grecs fe font perdus, & l'examen des belles copies Romaines ne tiennent point à l'hiftoire du fiècle d'Alexandre.

Les Athéniens, bons juges du mérite de leurs Poëtes & de ceux de toutes les Nations, rendirent juftice à Ménandre ; ils placèrent, au Théâtre de Bacchus, fon portrait à côté de ceux d'Efchyle, de Sophocle & d'Euripide ; le fceptre de la Tragédie était partagé entre trois rivaux, mais Ménandre feul tenait celui de la Comédie.

Ménandre fe noya dans le port du Pyrée, où il fe baignait, emportant fon fceptre avec lui, comme notre immortel Molière.

DES SILLES
OU PARODIES.

LES Silles Grecques, ainsi nommées, parce que le Dieu Silène y jouait toujours un personnage, étaient des satyres dramatiques très - mordantes, où l'on parodiait les Tragédies qui avaient de la célébrité. Il nous reste quelques fragmens des Silles de Timon, qui annoncent la grossiéreté des drames de Thespis, & le fiel des Iambes d'Archiloque.

Le premier Poëte connu qui fit des Silles, se nommait Pratinas ; ses acteurs jouaient sur un théâtre mobile , mêlés avec les spectateurs, & on payait sa place deux oboles. A la représentation d'une de ces farces, les échafauds se rompirent, & il y eut plusieurs citoyens écrasés ; les Archontes d'Athènes firent

alors conſtruire un théâtre permanent,
& donnèrent ce ſpectacle gratis, per-
ſuadés qu'un peuple Roi ne doit point
acheter ſes plaiſirs.

On cite cinq Silles d'Eſchyle, parmi
leſquelles on diſtinguait ſon Protée, ſept
de Sophocle, & quatre d'Euripide : Platon lui-même, l'immortel Platon, en
fit quelques-unes dans ſa jeuneſſe ; mais
il eut le courage de les brûler, quand il
devint Philoſophe.

Si l'on voulait apprécier ce genre de
Comédie, il faudrait lire le *Cyclope*
d'Euripide, & quand on l'aurait lu, il
faudrait plaindre ce grand homme, d'a-
voir proſtitué à des tableaux de taverne
le pinceau ſublime qui deſſina Phèdre
& Iphigénie.

En général, la Parodie eſt un mauvais
genre aux yeux de l'homme de goût,
parce qu'il n'aime point à voir le génie
tourné en ridicule, parce qu'il voit que
cette arme dangereuſe eſt la reſſource
du Zoïle le plus obſcur, qui cherche à

fe confoler de la célébrité d'un grand homme.

Lamothe , qui commença par être bleffé de voir fon *Inès de Caftro*, traveftie en *Agnès de Chaillot*, & qui finit fagement par en rire , difait, qu'un Parodifte qui fe nomme fièrement l'inventeur de fa farce , reffemble à un frippon qui aurait dérobé la robe d'un Magiftrat, croyant l'avoir bien acquife , en y coufant quelques lambeaux de l'habit d'Arlequin , & qui appuyerait fon droit, fur le rire qu'exciterait fa mafcarade.

Si les Silles devinrent une efpèce de fpectacle national dans Athènes , il faut l'attribuer peut-être à l'amour effréné de cette ville, pour tout ce qui portait l'empreinte de la liberté. D'ailleurs la caufticité naturelle de fes habitans, trouvait fans ceffe de l'aliment dans ce genre de farces. Si leurs Dramatiques les ennuyaient , ils s'en confolaient par des Parodies ; fi leurs pièces étaient bonnes , ils les parodiaient encore, pour les empêcher de s'enorgueillir, & de quelque manière que ces Poëtes se conduisissent, on les punissait toujours avec le stilet, du ridicule, ou de leur ignorance, ou de leur supériorité.

D'ARISTOPHANE.

IL faut demander pardon à l'homme de goût, de revenir encore sur Ariſtophane, déjà apprécié dans l'hiſtoire mémorable du ſupplice de Socrate (*a*) ; mais ce farceur a eu une ſorte de célébrité, qu'il a conſervée juſqu'au milieu du ſiècle de Louis XIV, & il faut achever de renverſer ſa ſtatue de deſſus ſa baſe; l'Hiſtoire des hommes doit la vérité à tout le monde, & ſur-tout aux Tyrans de l'antiquité, pour empêcher leurs enthouſiaſtes de le devenir.

Perſonne ne s'eſt aviſé, chez les anciens, d'écrire la vie d'Ariſtophane, & nous ne tenons quelques détails ſur ſa perſonne, que de lui-même ; mais quel fond à faire ſur l'égoïſme révoltant de

____

(*a*) Voyez *Hiſtoire de la Grèce*, tome IX, pag. 194 juſqu'à 221.

l'homme petit & pervers, qui ne trouvait ni génie dans Euripide, ni vertu dans Socrate.

On contesta longtems à ce Poëte jusqu'à sa qualité de citoyen d'Athènes, & il n'y fut confirmé par les Juges, que sur une mauvaise parodie de quelques vers de l'Odyssée, *ma mère me dit né de l'Athénien Philippe, pour moi je n'en sçais rien ; car qui sçait quel est son père ?* Ainsi ce n'est qu'en deshonorant sa mère, qu'Aristophane acheta le titre de citoyen d'Athènes.

Aristophane composa cinquante Comédies, dont il ne reste plus qu'onze : il était à la fois auteur & acteur, du moins la tradition veut qu'il ait joué le rôle de Cléon dans ses *Chevaliers*, parce qu'aucun acteur ne se trouva assez hardi, pour travestir sur la scène cet homme accrédité, qui avait été Général & Archonte ; on ignore comment Cléon, qui n'était pas philosophe comme Socrate, se vengea ; peut-être que la pièce n'ayant point eu de fuccès, ne bleffait pas même la vanité d'un homme fans talent & fans génie.

Ariftophane, au refte, ne joua pas toujours des hommes, fans conféquence pour la poftérité, tels que Cléon. Le grand Périclès, qui ouvrit le fiècle d'Alexandre, fut travefti en ridicule, dans les *Acharniens*. Efchyle, Sophocle, & furtout Euripide, furent traînés dans la fange, à la repréfentation des *Fêtes de Cérès* & des *Grenouilles*; tous ces attentats contre le goût & contre l'ordre public, furent couronnés par la farce abominable des *nuées*, que nous avons vu préparer la mort de Socrate.

Après avoir répandu fon fiel fur la vie des grands hommes d'Athènes, & fur leur mémoire, Ariftophane déchira les femmes en corps, dans fes *Harangueufes*, & il imagina les *Guêpes*, pour flétrir l'ordre entier de la Magiftrature.

Il ne reftait plus au parodifte qu'à jouer les Dieux mêmes de fon pays, & il le fit avec un cynifme (*a*) qui valut une fentence de mort à Diagoras, mais qu'on lui pardonnait à lui-même, fans doute parce qu'en qualité de Poëte & de faifeur de libelles, il était fans conféquence.

L'Athée Ariftophane, qui s'était fait le vengeur des Dieux dans les nuées, fut auffi l'apôtre de la morale dans le procès de Socrate, & perfonne n'outragea les mœurs avec autant d'impudence que ce farceur, pour qui rien n'était facré, pourvu qu'il fît rire la populace. *Lyfiftrate* & les *Harangueufes* font écrites à cet égard, avec la plume obfcène des Pétrone & des Martial; je ne dis pas avec leur génie.

Les pièces d'Ariftophane ne rachètent point d'ailleurs, par de grandes beautés littéraires, l'atteinte qu'elles donnent à l'ordre public; il n'y en a pas une qui ne pêche par l'ordonnance générale;

_____

(*a*) Un Anglais eftimé (Collier) a fait prefqu'un livre, pour prouver l'athéïfme d'Ariftophane.

tous ſes caractères odieux , ainſi que les caractères héroïques qui les font reſſortir , ſont jettés dans le même moule ; il ne connait point l'unité d'action , & encore moins celle d'intérêt ; ſes intrigues ne marchent point avec aiſance , & il n'y a point de vraiſemblance dans ſes dénouemens.

Ariſtophane n'a connu que le comique local , & le ridicule du moment ; il ne lui eſt jamais venu dans l'idée de s'élancer hors du cercle étroit de ſes victimes , & de peindre les mœurs générales. Cependant les grands caractères comiques ne lui manquaient pas ; il y avait ſûrement dans Athènes des avares , des joueurs , des miſantropes ; on y voyait ſur-tout des tartuffes , tels que le grand Prêtre Anitus ; mais le Poëte vil & lâche, aima mieux ſervir ce dernier dans ſes vengeances , que de le traduire ſur la ſcène, pour inſtruire tous les âges , & dérober d'avance la plus belle des palmes de Molière.

Ariftophane fçait rarement faire parler les hommes ; auffi pour mafquer fon impuiffance, met-il fouvent en fcène des êtres allégoriques, tels que la guerre, l'injufte, le génie Tintamare, qu'on peut faire parler comme l'on veut, parce qu'ils ne reffemblent à rien ; plus fouvent encore, il choifit ces perfonnages parmi les animaux ; c'eft un efcarbot monftrueux qui fait l'expofition de la farce de la *Paix*. Les héros de trois autres pièces font des oifeaux, des guèpes & des grenouilles.

Pour connaître parfaitement la manière d'Ariftophane, ou plutôt pour fe convaincre qu'il n'en a point, il faut lire l'analyfe que nous avons donnée de ce qu'il appellait fon chef-d'œuvre, à l'hiftoire du procès de Socrate.

On a cependant tenté de faire une forte de renommée à Ariftophane, mais c'eft une erreur de l'ignorance, ou un crime de la mauvaife foi.

Ariftophane n'a point été applaudi

dans Athènes, le centre du bon goût & des lumières; il avoue lui-même, malgré fon égoïfme, que fon chef-d'œuvre des nuées a été fifflé deux fois.

Quand les Athéniens placèrent, au théâtre de Bacchus, l'image de tous les grands Dramatiques qui avaient illuftré leur fcène, ils y firent figurer Ménandre, mais ils ne voulurent point qu'on y mît le tableau d'Ariftophane; cette preuve eft de la plus grande force, pour qui n'a point d'intérêt à faire d'un vil farceur un grand homme.

On a cité, mais fans titre, Platon, en témoignage du talent de l'auteur des nuées; d'abord l'épigramme Grecque, *que les Graces firent leur féjour dans le fein d'Ariftophane*, ne fçaurait être du fameux difciple de Socrate, qui ne faifait point d'épigrammes : le Philofophe introduit dans fon banquet un Ariftophane, dont il fait l'éloge, mais il n'eft point prouvé que ce foit l'Ariftophane des nuées. Platon ne paraît réellement avoir ce Poëte en vue , que dans la lettre où il recommande à Denys le jeune la lecture de ſes Comédies ; mais il eſt aiſé de voir qu'il ne s'agit point en cette occaſion du dramatique, en qualité d'homme de goût , mais ſeulement en qualité de délateur adroit , qui peut mettre le tyran au fait des intrigues politiques du Péloponèſe.

Elien, qui a raſſemblé dans ſon livre la tradition de toute l'antiquité ſur Ariſtophane, l'a apprécié auſſi peu favorablement que nous (*a*) , & le judicieux Plutarque ajoute des teintes encore plus dures au tableau (*b*); il eſt difficile, quand

***

(a) Voyez ſon texte , *Hiſt. de la Grèce*, tome IX. pag. 199.

(*b*) Voyez dans les *Œuvres morales* , le petit opuſcule qui a pour titre , *comparaiſon d'Ariſtophane & de Ménander.* En voici quelques traits, dans la traduction d'Amiot , ſi piquante dans ſon heureuſe naïveté.

« Ménander eſt de beaucoup préférable à » Ariſtophane ; le langage du dernier eſt fâ» cheux , il ſent ſon farceur , ſon triacleur , &

on a lu la critique motivée , faite par ce dernier Philofophe , de croire que l'au-

---

» fon artifan méchanique ; auffi un ignorant &
» groffier , qui n'aura nulles lettres , prendra
» plaifir à ce qu'il dit ; mais l'homme docte ,
» s'en fâchera incontinent…. (*Ici font des quo-*
» *libets , de la groffièreté la plus obfcène , que Plu-*
» *tarque tire d'Ariftophane , & que l'honnête*
» *homme ne peut lire dans aucune langue*)….. Il y
» a dans la tiffure de fes paroles , du tragique &
» du comique , du haut & puis du bas , de l'ob-
» fcur & puis du familier, de l'enflé & puis de
» la cauferie baffe & fade en fon langage….. il
» ne fçait pas attribuer à chaque perfonnage ce
» qui lui appartient , & on ne fçaurait difcerner
» chez lui fi c'eft un fils ou un père qui parle ,
» un villageois ou un homme de ville , une
» vieille ou un Dieu.

   » Ariftophane n'eft ni plaifant pour la mul-
» titude , ni fupportable aux gens d'honneur &
» de jugement ; ains eft fa Poëfie , comme une
» P….. paffée , qui veut contrefaire la femme
» de bien ; le peuple ne peut endurer fon arro-
» gance , & les gens de bien déteftent fon in-
» tempérance & fa malignité.

   » Les Comédies de Menander font pleines

teur des nuées ne fut pas dans la dernière claſſe des Poëtes ſubalternes ; comme il eſt difficile de ſuppoſer, d'après l'hiſtoire du ſupplice de Socrate, qu'il eût jamais occupé une place dans la claſſe des gens de bien.

» de graces & de ſel amoureux , comme étant
» proprement faites de la mer où Vénus naquit ;
» là où les jeux ſalés d'Ariſtophane ſont d'un
» ſel âpre & cuiſant , ayant une pointe qui
» mord & ulcère. Je ne ſçais où eſt la gentil-
» leſſe que l'on vante en lui ; certainement ce
» qu'il imite eſt toujours en la pire partie ; ſes
» ruſes ne ſont point galantes ; ſa ruſticité n'eſt
» point naïve , mais ſotte. Bref, il me ſemble
» que cet homme n'a point écrit pour être lu
» d'un homme de bien, mais ſeulement pour
» les envieux, les malins, & les gens abandon-
» nés à toutes diſſolutions ».

CONSIDÉRATIONS

SUR

L'ÉLOQUENCE GRECQUE.

Nous n'avons point attendu, pour en traiter, le tableau du siècle d'Alexandre; cette belle partie de la littérature de la Grèce est trop essentiellement liée à son histoire.

Si jamais l'Orateur dût se flatter de devenir un homme d'Etat, c'est dans les Républiques, où le talent de la parole mène à la considération publique, & où la considération publique mène à toutes les dignités, soit dans les armées, soit dans la Magistrature.

La Grèce, sur-tout, du moment qu'elle secoua le joug de ses Rois, dut devenir le centre de la vraie éloquence; la beauté de son climat, si favorable aux élans de l'imagination ; fa langue , la plus harmonieufe de toutes celles qu'on ait jamais parlé fur le globe , & dont les fons enchanteurs allaient fubjuguer l'ame, en captivant les oreilles ; cette égalité des citoyens dans les Démocraties , qui leur défendait de fe méprifer eux mêmes, lorfque le hafard ne les avait faits ni nobles , ni riches ; tout contribuait à faire du talent de la parole le premier des arts , foit pour l'ambitieux qui voulait tyrannifer fa patrie , foit pour l'homme de bien , qui voulait la fervir de fes lumières.

L'éloquence devait prendre un effor d'autant plus élevé dans les Républiques du Péloponèfe , qu'on ne cherchait point à la récompenfer par des moyens deftinés à l'avilir. L'Etat ne foudoyait point fes Orateurs , il préfentait à leur imagination ardente la perfpective de la gloire , & en récompenfant ainfi les hommes de génie , il était bien fûr de les faire naître.

Tout le monde était éloquent dans Athènes, lorfqu'il fe trouvait animé d'une grande paffion. Le Sénateur l'était dans l'Aréopage, l'Orateur, à la tribune aux harangues, & le Guerrier fur le champ de bataille. Les femmes mêmes l'étaient, quand leur ame fenfible s'ouvrait aux impreffions de la gloire. Voyez l'éloge funèbre des guerriers morts dans les champs de l'honneur, qu'Afpafie prononça devant Socrate, fans être préparée, & que Platon nous a confervé dans fon fameux dialogue du *Menexène.* Il n'y a point d'Orateur dans les Républiques, fût-il Démofthène, Cicéron ou Bolingbroke, qui ne voulût avoir compofé la harangue de la Courtifane.

L'éloquence ne fe déployait pas fous la même forme dans toutes les Républiques, parce qu'elle était fans ceffe modifiée par le génie des Citoyens, par leurs mœurs, & par la nature de leur gouvernement. Ainfi l'infini femblait féparer celle d'Athènes & celle de Lacédémone : tandis que la ville de Solon applaudissait, dans ses Orateurs, le nombre des périodes, & un style où l'abondance se mariait avec l'harmonie, la ville de Lycurgue, persuadée que la pompe des paroles ne désigne d'ordinaire que la stérilité des idées, s'était faite une éloquence à elle, qui ne consistait guères que dans la précision & dans l'énergie; cette éloquence est connue sous le nom de laconisme, & nous en avons rapporté une foule de traits heureux dans l'histoire de Lacédémone.

Je suis persuadé que dans Athènes même, l'Orateur exercé dans toutes les finesses de l'art de la parole, modifiait son éloquence suivant le caractère des personnes devant qui il la déployait ; s'il plaidait devant l'Aréopage, il était laconique, comme la loi qu'il interprêtait ; s'il parlait devant le peuple, il préférait de grands mouvemens à une dialectique serrée & lumineuse ; lorsqu'il s'agissait de discourir au Lycée, ou dans

l'Académie,

l'Académie, c'eſt par une heureuſe géné-
ration d'idées, qu'il cherchait à captiver
l'attention des philoſophes.

Nous avons eu occaſion de nous
étendre, dans le cours de cet ouvrage,
ſur le ſublime de trait, qu'on peut appeller l'éloquence du laconiſme, ſur les
grands mouvemens oratoires, avec leſ-
quels les Périclès & les Démoſthène
menaient le peuple des Démocraties, &
ſur cet art d'enchaîner, d'une manière
lumineuſe, les idées qu'on fait naître
dans ſes auditeurs, art qui conſtitue la
manière de Socrate. Il ne nous reſte, à
cet égard, à ajouter qu'une notice rapide
des Orateurs du ſiècle d'Alexandre.

PÉRICLÈS. —— Cicéron ne croyait pas
que la Grèce pût ſe vanter d'un vrai
Orateur, avant Périclès (*a*). Ce fameux
amant d'Aſpaſie, ſubjugua quarante ans

_____

(*a*) *Ante Periclem.... littera nulla eſt quæ qui-
dem ornatum aliquem habeat & oratoris eſſe videa-
tur.* Voyez *Cicer.* in Bruto. cap. 17.

sa République avec les armes de la parole ; son éloquence prenait tous les caractères qui convenaient à sa politique profonde. Tantôt la douce persuasion semblait résider sur ses lèvres, tantôt il tonnait dans la tribune, & sa véhémence entraînait les volontés les plus rebelles ; la vie de ce grand homme occupe une place considérable dans cet Ouvrage, & nous y avons rapporté, presqu'en entier, le seul ouvrage qui nous reste de lui, sa fameuse Oraison funèbre des guerriers morts, à l'ouverture de la guerre du Péloponèse (*a*).

ANTIPHON, (*b*) fut un élève de Socrate : on le dit le premier des Grecs qui ait réduit en principes l'art oratoire ; il composa aussi trente-cinq harangues, dont pas une ne lui a survécu ; il y a une grande variété parmi les Historiens

(*a*) *Hist. de la Grèce*, tom. VI. pag. 101.

(*b*) La notice des dix Orateurs suivants nous a été transmise par Plutarque dans ses *Œuvres morales*.

fur le genre de fa mort : les uns prétendent qu'il fut condamné à mort par les trente tyrans d'Athènes ; d'autres veulent qu'ayant favorifé l'ufurpation des quatre cens , il fut déclaré infâme , lui & fa poftérité. Suivant une autre tradition , ce fut l'ancien Denys , tyran de Syracufe , qui l'envoya au fupplice, parce que lui ayant demandé quel était le meilleur airain qu'on employait pour les ftatues , il avait eu le courage de répondre que c'était celui dont on avait fait les buftes des libérateurs d'Athènes Harmodius & Ariftogiton ; ce dernier récit eft le plus vraifemblable , parce qu'il caractérife mieux le courage d'un Républicain difciple de Socrate.

ANDOCIDÈS , né dans la foixante & dix-huitième Olympiade , écrivit d'un ftyle fimple & dénué de grandes figures, & cependant , il gagna prefque toutes les caufes majeures qu'il plaida. La Poëfie alors n'empiétait pas fur l'éloquence , & le goût épuré traitait tous les genres

fans les confondre. Andocidès fut enve-
loppé dans le fameux procès de facrilège
intenté contre Alcibiade , & il eut la
baffeffe de fe fauver, en dénonçant fon
père ; il eft vrai que craignant l'opprobre
dont la poftérité flétrirait fa mémoire, il
employa enfuite fon éloquence victo-
rieufe à le dérober au fupplice.

LYSIAS, originaire de Syracufe, paffa
une partie de fa vie dans Athènes , &
eut part aux affaires politiques de fon
fiècle. Après la bataille d'Egos Potamos,
les trente le profcrivirent , & il refta
exilé fept ans. Ses malheurs ne l'empê-
chèrent pas de pouffer fa carrière jufqu'à
quatre-vingt-trois ans ; il prononça deux
cens trente plaidoyers , & ne perdit que
deux caufes. Lorfque Socrate fe vit condamné pour avoir été fupérieur à fon
fiècle, Lyfias lui apporta une apologie ;
le Sage la lut, la trouva dans toutes les
règles de l'art oratoire , mais lui fit entendre , en la lui rendant, que quand on
avait le courage d'être l'apôtre de la

vérité, il ne fallait point emprunter d'organe étranger pour se défendre : Socrate dédaigna donc les ressources vulgaires de l'éloquence pour justifier sa philosophie ; il est probable que s'il avait voulu être Orateur à la manière de Lysias, il se serait sauvé, mais aussi il n'aurait point été Socrate.

On vante beaucoup la clarté, les graces & l'élégance continue du style de Lysias ; il ne nous reste que quelques fragmens assez faibles de ses harangues, qui nous ont été transmis par Denys d'Halicarnasse.

Isocrate, naquit à Athènes sept ans avant Platon : la faiblesse de sa voix l'empêchant de monter à la tribune pour gouverner sa nation, il se détermina à ouvrir une chaire d'éloquence ; comme sa renommée l'avait précédé, Athènes entière accourut auprès de lui, & à en croire Cicéron, il ne sortit de son école, comme du cheval de Troye, que des grands hommes.

On reproche à Isocrate d'avoir avili son art par le prix qu'il y mettait ; on ajoute même qu'il refusa ses leçons à Démosthène , parce qu'il n'était pas en état de lui donner mille drachmes : ce trait ne s'accorderait pas avec le caractère connu de l'Orateur. Plutarque dit qu'il ne mettait à contribution que les étrangers, & non ses concitoyens ; il avait d'ailleurs l'ame trop haute , pour que la plus légère bassesse pût y entrer : on sçait qu'à la mort de Socrate , lorsque le fanatisme cherchait par-tout de nouvelles victimes , il eut le courage de porter publiquement le deuil du Philosophe.

Tous les beaux génies qui sortirent de l'Académie , rendirent hommage aux talens d'Isocrate ; mais Aristote qui pensait rarement comme ses contemporains, ne le traitait qu'avec mépris : *quand Isocrate parle* , disait l'instituteur d'Alexandre , *il est honteux de se taire.* Au reste , ce jugement , tout rigoureux qu'il nous paraît , a été confirmé au siècle de Trajan, par Plutarque, & dans celui de Louis quatorze, par l'immortel Fénélon.

Les panégyriftes d'Ifocrate ont pu motiver leur admiration fur le charme du ftyle de l'Orateur, fur l'harmonie & l'élégance continue de fes harangues, fur-tout fur la faine morale qu'on y voit empreinte. En effet, le patriotifme Républicain, l'amour des loix, le refpect pour la foi des traités, y font recommandés à chaque page. Platon, à cet égard, n'a pas été un interprête plus fidèle de la politique fublime de Socrate.

Il ferait aifé auffi de juftifier les critiques illuftres d'Ifocrate ; le ftyle de l'Orateur, malgré le nombre qui le fait valoir, n'eft point affez nourri aux yeux de la raifon : on voit qu'il eft plus occupé de fymmétrifer des périodes, que de raffembler des idées. Le choix bifarre de plufieurs de fes fujets, annonce auffi un abus de l'efprit, incompatible avec le génie : qui croirait que le Républicain qui prit le deuil à la mort de Socrate, a fait un panégyrique d'Hélène, & un autre du Tyran Busiris? mais il vaut mieux laisser achever cette critique à ceux qui auront le courage de lire en entier ce qui nous reste d'Isocrate.

Isocrate ne quitta, pour ainsi dire, la plume qu'avec la vie. Il composa, à l'âge de quatre-vingt-deux ans, son propre éloge, & à quatre-vingt-dix-sept ans, il termina son *Panathénée* : il survécut peu à cette espèce d'adieu qu'il faisait à ses concitoyens ; Philippe vainquit la Grèce, & anéantit la race de ses Héros à la bataille de Chéronée. L'Orateur qui aimait encore sa patrie, dans un âge où tout meurt en nous, excepté le vague sentiment de l'existence, ne put se consoler d'un pareil désastre, & se laissa mourir de faim : on lui érigea à Eleusis une statue de bronze, ouvrage de ce Léocharès, si célèbre, par son aigle qui ravit Ganymède.

Isée, élève de Lysias, avait composé cinquante harangues, qui ne nous sont point parvenues. Son éloge, pour la postérité, se réduit à avoir été le maître de Démosthène. On opposait, dans le tems, sa fougueuse véhémence au froid bel esprit d'Isocrate. Isée fleurissait au tems de la guerre du Péloponèse.

ESCHINE. —— L'histoire de sa vie & celle de ses ouvrages, se trouve liée avec les annales Athéniennes, & nous n'avons presque rien à ajouter, à ce que nous avons dit à cet égard, dans le dixième volume de cette Histoire de la Grèce. On croit que cet Orateur n'eut d'autre maître que la nature : il fut toute sa vie le rival de Démosthène, & il ne cessa point de l'être, quand celui-ci l'eut vaincu & fait exiler. Au sortir d'Athènes, Eschine alla fonder une chaire d'éloquence dans Rhodes, qui eut une grande célébrité, ensuite il ne songea plus qu'à jouir de sa gloire, & il se retira à Samos, où il mourut à l'âge de soixante & quinze ans ; il était né, trois ans après le supplice de Socrate.

Lycurgue, qui en qualité d'homme d'Etat, n'a pas un vain rapport de nom avec le fameux Légiflateur de Sparte, fut à la fois l'élève de Platon & d'Ifocrate. Le premier cultiva fon talent oratoire, & l'autre l'initia dans les myftères de la politique ; il paraît qu'il réuffit dans l'un & dans l'autre. Ses harangues, que nous n'avons plus, étaient eftimées dans l'antiquité : quant à fon génie politique, Athènes le fit fervir au rétabliffement de fes finances. Lycurgue fut Adminiftrateur du tréfor de la République pendant quinze ans, & dans cet intervalle, il lui paffa par les mains dix-huit mille fix cens cinquante talens, (plus de cent millions de notre monnaie). On peut obferver, à fa gloire, que malgré le zèle qu'il mettait à augmenter les revenus dont il était le dépofitaire, il n'avait point l'ame financière. Plutarque rapporte que, voyant un Fermier fubalterne traîner en prifon le célèbre Xenocrate, parce qu'il n'avait pu payer une taxe à laquelle il avait été impofé, il acquitta la dette de fes propres deniers, & qu'il fit conduire en prifon le Fermier lui-même, pour avoir manqué de refpect à un Philofophe.

Lycurgue ne fe laiffa point gâter par les adulateurs d'Alexandre. Un jour qu'on appellait ce Prince devant lui, le Dieu de la Grèce : *quel Dieu !* dit-il, *du temple duquel fes adorateurs ne peuvent fortir, fans être obligés de fe purifier !*

Alexandre qui craignait l'éloquence de Lycurgue, demanda cet Orateur aux Athéniens, pour le faire mourir ; mais ce peuple, tout dégradé qu'il était, eut le courage de défobéir à fon vainqueur. Lycurgue mourut tranquillement dans fon lit, laiffant de fon génie & de fa probité la plus heureufe mémoire.

DÉMOSTHÈNE. —— La vie de ce grand homme, qui a joué un rôle fi brillant dans fa patrie, & dont les ouvrages immortels fuffifent feuls pour caractérifer l'éloquence du fiècle d'Alexandre, a été écrite, avec tous ſes détails, dans le dixième volume de cette hiſtoire de la Grèce, & nous y renvoyons.

HYPERIDE. —— Cet Orateur fréquenta les Ecoles de Platon, de Lycurgue & d'Iſocrate : ami ardent de la liberté, lorſque tout ce qui l'entourait allait au-devant de l'eſclavage, il fit ſervir ſon éloquence, à prémunir la Grèce contre les attentats de Philippe & d'Alexandre. Sa mort eſt digne d'un Héros des Thermopyles ; étant tombé entre les mains d'Antipater, ce tyran le fit mettre à la queſtion, pour arracher de lui des ſecrets politiques, dont ſon Machiaveliſme avait beſoin. L'infortuné qui craignait de trahir ſa patrie, ſe coupa lui-même la langue avec ſes dents, & mourut un moment après au milieu des tortures.

Hyperide aimait beaucoup la Courtiſanne Phryné ; obligé de la défendre en juſtice, pour cauſe de ſacrilège, on prétend qu'il oſa déchirer le voile qui couvrait le ſein de ſa maîtreſſe, & que le fpectacle de tant de charmes , féduifit affez fes Juges , pour les engager à fauver la Courtifanne. Hyperide compofa cinquante-deux harangues , fi eftimées de fon tems , que quelques enthoufiaftes les mettaient au - deffus de celles de Démofthène.

DINARQUE , difciple de Théophrafte , naquit à Corynthe , & vint s'établir à Athènes , vers le tems des conquêtes d'Alexandre en Afie. Ses liaifons avec Antipater & Caffandre , ayant paru fufpectes au parti Républicain , qui domina quelques momens dans le Péloponèfe , il vendit fecrettement fes biens , & s'enfuit à Chalcis , où il refta exilé quinze ans. Théophrafte , au bout de cet intervalle , le fit rappeller , & il mourut dans Athènes , laiffant foixante & quatre harangues que nous n'avons plus , & qui , à caufe de la véhémence qui les caractérifaient , firent appeller leur auteur un fecond Démofthène.

DÉMÉTRIUS DE PHALERE. — Cet

Orateur était en même tems un grand homme d'Etat , comme Lycurgue & Démosthène. Ayant acquis la confiance de Cassandre , Roi de Macédoine , il gouverna Athènes pendant dix ans, avec la puissance d'un Viceroi, & se conduisit dans ce poste délicat avec tant de sagesse , qu'on lui érigea jusqu'à trois cens statues ; Athènes n'était pas digne , dans sa décadence , d'avoir ce grand homme pour maître ; aussi Poliocerte s'étant présenté devant ses remparts , elle brisa toutes les statues de Démétrius, & l'obligea lui-même de chercher un asyle en Egypte, où il mourut en prison , de la morsure d'un aspic, comme la fameuse Cléopâtre.

Démétrius substitua , dans ses harangues , le bel esprit d'Isocrate au génie de Démosthène ; son éloquence , comme le soleil à la fin de sa carrière , n'avait que de l'éclat sans chaleur ; après lui les Orateurs gâtèrent encore plus l'art par l'abus des figures , & par la manie d'aller toujours au-delà de la nature ; le bon goût, à cet égard, se perdit dans la Grèce asservie, pour renaître dans Rome République.

FIN.

TABLE
DES CHAPITRES.

Fin de la Table des Chapitres.